TABLETTES
DU DIRECTEUR D'USINE A GAZ

CONTROLE

DE LA

QUALITÉ DU GAZ

POUVOIR ÉCLAIRANT—ÉPURATION

PAR

Émile Durand

Directeur du Journal LE GAZ

Prix : 3 Francs

PARIS
AU BUREAU DU JOURNAL LE GAZ
72, faubourg Montmartre, 72

TABLETTES
DU DIRECTEUR D'USINE A GAZ

—

CONTROLE

DE LA

QUALITÉ DU GAZ

POUVOIR ÉCLAIRANT—ÉPURATION

PAR

Émile Durand

Directeur du Journal LE GAZ

—

PARIS

AU BUREAU DU JOURNAL LE GAZ

72, faubourg Montmartre, 72

1866

SOMMAIRE DES MATIÈRES

Contenues dans ce Volume.

Chap. 1. — **Considérations générales**.

Le contrôle appartient à la municipalité. — Stipulations des anciens contrats. — Pénalités. — Le maire en est seul juge. — Procès-verbaux d'agents assermentés. — Refus de faire des expériences. — Nomination d'un inspecteur municipal. — Mauvaise organisation du cabinet d'expériences. — Appareils insuffisants. — De la théorie et pas de pratique. — Procès-verbaux et amendes. — Livre des constatations. — Imperfection des moyens de contrôle. — Motifs qui vicient les essais. — Notre but.

Chap. 2. — **Lois et principes photométriques**.

Pouvoir éclairant et épuration. — Moyens faciles de contrôle. — Premier principe. — Chambre obscure. — Faisceau lumineux. — Deuxième principe. — Affaiblissement des rayons. — Masse d'air. — Atmosphère chargée. — Essais à l'air libre. — Démonstration du second principe. — Egalité dans la teinte des ombres. — Carré des distances. — Calcul. — Relation des intensités. — Formule indiquant l'opération à effectuer.

Chap. 3. — **Des photomètres.**

Photomètres par les ombres. — Difficulté provenant de la teinte des ombres. — Ecran translucide. — Diaphragme. — Différence des teintes. — Miroir colorateur. — Photomètre Foucault. — Photomètre Regnault. — Photomètre Ritchie. — Photomètre à ombres unicolores. — Photomètre Bunsen. — Sa définition. — Difficulté de l'opération. — Ecran transparent à centre opaque. — Comment on fait cet écran.

Chap. 4. — **De la lumière-type.**

Emploi de la bougie. — Bougie de l'Etoile. — Ses avantages. — Lampe carcel. — Causes d'erreur. — Qualité de l'huile à employer. — Qualité de la mèche. — Cheminée de verre. — Cheminée *Comète*. — Etranglement ou coude de la cheminée. — Hauteur de la mèche et du coude. — Durée de l'emploi de la lampe. — Ses variations d'intensité. — Proportion entre la dépense d'huile et celle de gaz. — Limites de consommation à observer. — Rapport de la bougie à la lampe. — Emploi de toute autre lampe.

Chap. 5. — **Titre du gaz.**

Relation des becs entre eux. — Demi-becs. — Quarts de becs. — Anciennes séries des becs de ville. — Variations constantes d'intensité. — Influence de la pression. — Gaz brûlé à basse pression. — Nécessité d'un bec type. — Motifs qui ont fait préférer la lampe. — Bec Bengel à trente jets. — Fixation du titre du gaz. — Stipulations spéciales du traité de Paris. — Brûleurs de ville.

Chap. 6. — **Dispositions à donner au cabinet d'expériences.**

Organisation économique. — Nécessité des essais à l'usine. — Manière de tenir le registre spécial des constatations. — Contrôle en ville. — A quelle distance de l'usine doit être le cabinet d'expériences de la ville. — Choix du local. — Ses dimensions. — Ventilation. — Peinture des murs. — Branchement amenant le gaz. — Robinet de service. — Manomètre pour la pression en ville. — Régulateur de pression. — Inutilité d'un gazomètre. — Robinet à vis sans fin. — Eprouvette pour l'épuration du gaz. — Chandèlier de service. — Table. — Ses dimensions. — Son installation. — Tiroirs pour les accessoires. — Divisions faites sur la table pour l'installation des appareils. — Nécessité de placer le photomètre à un mètre des lumières. — Règle graduée. — Flambeau à gaz. — Dimensions du bec-type. — Hauteur de la hotte. — Compteur d'essai. — Manomètre à tube incliné. — Photomètre, son installation. — Plaques-supports pour la lampe et la bougie. — Installation de la lampe et de la bougie. — Dimensions du bec de la lampe-type. — Accessoires divers. — Balances. — Flambeau à bougie. — Tableau-barème et brochures.

Chap. 7. — Expériences sur le pouvoir éclairant du gaz.

Vérification de l'étanchéité des appareils. — Niveau d'eau dans le compteur. — Allumage du bec de gaz type. — Allumage de la lampe. — Vérification de sa consommation. — Dispositions préliminaires. — Expériences. — Renouvellement des essais. — Moyenne. — Plusieurs constatations dans la soirée. — Essais par la bougie. — Entretien de la mèche. — Tableau-barème de la valeur du gaz en bougies aux diverses distances du photomètre. — Constatation du pouvoir éclairant du gaz riche.

Chap. 8. — Conditions essentielles du contrôle.

Conditions de l'emploi de la lampe. — Nécessité de plusieurs essais répétés plusieurs fois dans la même soirée. — Prescriptions observées à Paris. —Multiplicité des bureaux de contrôle.—Influence des abaissements de température. — Cas de force majeure.

Chap. 9. — Contrôle de l'épuration du gaz.

Hydrogène sulfuré. — Papier d'acétate de plomb. — Sa préparation. — Nitrate d'argent. — Chloride de baryte. — *Acide carbonique.*—Papier bleu de tournesol. — Sa préparation. — Teinture de tournesol et solution de baryte.—Lait de chaux. — *Ammoniaque.* — Papier rouge de tournesol. — Papier jaune au curcuma ou au safran. — Nécessité de laisser de l'ammoniaque dans le gaz. — Dépôts de naphtaline. — Conclusion.

CONTROLE PRATIQUE
DE LA QUALITÉ DU GAZ

I

CONSIDÉRATIONS GÉNÉRALES

L'une des conditions essentielles de tout marché passé entre le producteur et le consommateur d'une marchandise quelconque, est sans contredit celle qui a pour but de déterminer la qualité de cette marchandise; c'est un principe d'autant plus élémentaire, que le

1.

prix est toujours établi eu égard à la qualité de
la marchandise.

Or, comme tout autre produit susceptible
d'être l'objet de transactions commerciales, le
gaz livré par les usines pour l'éclairage, doit
remplir certaines conditions de quantité et de
qualité, conditions déterminées à l'avance entre le producteur et le consommateur, avec
cette différence toutefois que, en raison :

1º Du privilège exclusif qu'il faut octroyer
aux entreprises de gaz, vu l'importance de leur
installation ;

2º De la nature même du fluide vendu, fluide
invisible et dont les défauts ne se révèlent
qu'au fur et à mesure de la consommation, ce
qui met le consommateur dans l'impossibilité
de refuser d'en prendre livraison ;

3º Et des moyens de contrôle qui échappent
à l'appréciation du vulgaire, et demandent de
certaines connaissances et une grande habitude
toute spéciale ;

C'est ici un seul consommateur, la municipalité, qui stipule au nom de tous, qui déter-
mine le prix de la marchandise à livrer, qui

fixe la qualité qu'elle doit avoir, qui règle et opère le contrôle de cette qualité.

Or, il nous faut bien le dire, il est fort peu de contrats d'éclairage dans lesquels les clauses relatives à la qualité du gaz aient été rédigées, nous ne dirons pas avec une parfaite connaissance de la matière, ce serait trop exiger de magistrats municipaux généralement étrangers à notre industrie, mais seulement à l'aide de documents précis qui permettent d'opérer la vérification de la qualité du gaz d'une manière équitable.

Un grand nombre d'anciens contrats encore en vigueur ne porte point de stipulations qui précisent la qualité du gaz; les rédacteurs se sont bornés à des formules banales du genre de celles-ci:

« Le gaz sera convenablement épuré.....sa
« flamme sera blanche et pure... »

Dans d'autres contrats, on lit des clauses semblables aux suivantes :

« Chaque bec consommera 125 litres de gaz
« à l'heure; son intensité lumineuse sera telle
« qu'elle égale la lumière d'une lampe carcel
« de fort calibre. »

Ou bien :

« Les becs seront les mêmes que ceux en
« usage à*** (une ville voisine) et devront four-
« nir une quantité de lumière semblable... »

Et cela tout en fixant des consommations
différentes.

Mais toutes ces stipulations, incomplètes ou
erronées, ne sont rien tant que le service marche avec régularité.

Or, il arrive toujours un moment, ou soit par
relâchement dans la direction de l'usine,
soit par suite d'une mauvaise veine de charbon,
soit par l'emploi de charbons avariés ou mouil-
lés, soit encore par l'emploi de charbon d'extrac-
tion ancienne qu'il a fallu emmagasiner de longue date dans l'usine par suite de la prévoyance
trop rigoureuse du contrat à l'endroit des
approvisionnements, soit par l'inexécution de
quelque autre clause du contrat qui contrarie
la municipalité, soit enfin par la tension des
rapports entre la ville et l'usine pour quelque
cause que ce soit, minime peut-être, le Maire
recommande à ses agents une surveillance
sévère du service d'éclairage; alors les clauses
incomplètes ou erronées du contrat se dressent

en face de l'entrepreneur comme des menaces de ruine d'autant plus redoutables que son traité le livre désarmé aux mains de l'autorité.

En effet, n'a-t-il pas laissé introduire dans son contrat de grosses pénalités, n'a-t-il pas laissé le Maire seul juge, sans appel, des amendes encourues? n'a-t-il pas laissé à la ville la faculté de contrôler la qualité du gaz par les moyens qui lui paraîtront convenables?

Il s'était dit que peu importait le chiffre des pénalités, car il lui serait toujours facile de les éviter; et voilà que par un relâchement de la surveillance, ou par une cause involontaire qu'il n'a pas toujours été possible de prévoir ou d'éviter, et qui n'est cependant pas un cas de force majeure, il encourt les rigueurs de la municipalité qu'il a indisposée à propos d'une question sans importance.

Il avait pensé qu'il était juste de laisser le Maire seul juge des pénalités à prononcer par lui sans appel, car l'autorité, toujours équitable, sait parfaitement apprécier les difficultés accidentelles d'une situation et tenir compte soit des embarras momentanés d'une entreprise, soit des observations justes qui lui sont adres-

sées, soit enfin des efforts et des sacrifices faits
en vue d'assurer et d'améliorer un service à la
bonne exécution duquel il est le premier intéressé; mais il avait oublié que le Maire juge
sur les rapports d'agents assermentés qui ont le
droit de dresser des procès-verbaux, et que, si
par hasard une erreur vient à être commise
par eux, il peut arriver telle circonstance mal-
heureuse où il n'ait aucune preuve testimoniale
à l'appui de ses allégations ou de celles de ses
employés qui, eux, n'ont pas le droit de verba-
liser, de donner un caractère authentique à
leurs dires; de sorte qu'il lui faut subir les
pénalités prononcées.

Enfin, possédant une connaissance à peu près
exacte des choses de son industrie, il s'était dit
qu'il importait peu de laisser à l'autorité la
faculté de contrôler la qualité du gaz par les
moyens qui lui paraîtraient convenables, et
cela parce qu'il est certaines règles consacrées
par la pratique et universellement adoptées
(il le croyait du moins) pour opérer la vérification de la qualité du gaz, règles en dehors
desquelles toute constatation est vicieuse et
entachée d'erreur; mais le malheureux n'avait

sans doute aucune expérience de ce qui peut arriver en pareille circonstance.

Or, il arrivera de deux choses l'une :

Ou on lui refusera, et cela sans droit, bien entendu, des expériences comparatives et contradictoires sous un prétexte quelconque comme ceux-ci : la ville n'a pas d'argent à dépenser pour un cabinet d'expériences ; il lui faudrait un agent spécial pour les essais, et puis qu'est-ce que tout cela prouve ? quelle est la valeur de ces expériences de laboratoire? la voie publique est mal éclairée, les épreuves de physique prouveront-elles le contraire? Non. Eh bien, à quoi servent-elles?

Ou bien le Maire nommera un inspecteur municipal de l'éclairage, et, comme de juste, son choix tombera sur une personne connue dans la localité par ses connaissances en physique ou en chimie. Oh! c'est alors que l'entrepreneur se repentira d'avoir laissé à la municipalité le choix des moyens de contrôle !

Loin de nous la pensée de vouloir porter la moindre atteinte à la considération qui s'attache, à juste titre, aux personnes et aux fonctions de Messieurs les inspecteurs municipaux chargés de la surveillance de l'éclairage des villes; nous en connaissons beaucoup, appelés que nous avons été à leur fournir des renseignements sur notre industrie; nous nous honorons de l'estime de tous, et de l'amitié de quelques-uns d'entre eux; nos lecteurs ne se méprendront donc pas ici sur le sens de nos paroles.

Mais de ce qu'un homme est bon physicien, bon chimiste, il ne s'en suit pas rigoureusement qu'il ait une connaissance pratique de l'industrie dont il est appelé à contrôler les produits.

Or, il se présentera alors une foule de circonstances imprévues, et qui peuvent être pour l'entrepreneur un véritable martyre.

La première chose que fera l'inspecteur municipal, sera d'organiser un cabinet d'expériences; mais comme l'architecte de la mairie n'a pas prévu le besoin d'un pareil cabinet d'études, surtout dans les mairies anciennes, et comme tous les locaux sont pris par les besoins du service, on cherche un coin, un réduit, au rez-de-chaussée, ou à l'entresol; on trouve un espace qui n'a pu servir à rien, resserré, mal aéré, obscur ; faute de mieux, l'on s'en empare sans songer aux inconvéniens qu'il pourra présenter pour l'exécution des expériences ; mais on compte qu'une fois la table posée, les appareils installés, l'on pourra encore opérer, y tenir deux même, au besoin ; on sera bien gêné, mais qu'importe ; il faut un local, le voilà, on doit s'en arranger tel qu'il est.

Le local trouvé, il s'agit d'y installer les appareils d'expériences. Ici, c'est une autre chose, les appareils coûtent cher, et la dépense n'en a pas été prévue au budget municipal. C'est là un véritable malheur pour l'entrepreneur, car souvent cette circonstance fait que les appareils acquis ne sont pas irréprochables ; la table est fournie par le menuisier de la ville, et n'est pas toujours assujétie avec cette fixité de niveau rigoureuse pour assurer le parfait fonctionnement du compteur ; la plomberie exécutée avec économie n'est pas parfois exempte de défauts ; le photomètre, laissé au choix de l'inspecteur, est souvent exécuté sur ses données, ou bien son choix se porte sur un de ces appareils que la théorie

admet sans doute, mais que la pratique re-
jette.

Enfin, tous les appareils nécessaires sont
réunis dans le cabinet, l'inspecteur chargé du
contrôle se met consciencieusement à l'œuvre;
mais, nous l'avons dit, s'il est versé dans la
théorie, il n'a point la pratique de l'industrie
du gaz. Il est vite au courant du mécanisme
des instruments qu'il lui faut manœuvrer,
mais il ignore les conditions nécessaires pour
assurer l'efficacité, l'équité d'un contrôle.

Puis, un soir, il arrive à son cabinet où il ne
reste d'habitude que fort peu de temps, car la
chaleur y est insupportable, et au bout de
quelques instants, il manque complètement
d'air.

Tout lui paraissant convenablement disposé,
il fait une expérience : le gaz n'est pas assez
éclairant.

Procès verbal est dressé, transmis au maire
avec proposition d'amende conformément aux
dispositions pénales du contrat.

Que fera l'entrepreneur? il contredira le
rapport de l'inspecteur; au procès verbal
dressé contre lui, il répondra en exhibant le

livre sur lequel il constate chaque jour à l'u-
sine le pouvoir éclairant de son gaz; ce livre,
qui est un véritable livre de commerce et qui,
à ce titre, devrait faire foi en justice, ne détruit
en rien les assertions du procès-verbal; l'entrepreneur n'est-il pas intéressé à constater
que son gaz est beau? et puis, en admettant
qu'il ait eu à l'usine le pouvoir éclairant nécessaire, il ne l'avait plus à la mairie.

S'en prendra-t-il aux appareils qui ont servi
à la constatation? cherchera-t-il à en démon-
trer les imperfections? prouvera-t-il que l'on a
eu tort de choisir tel ou tel appareil? Mais
quel article du contrat oblige la mairie à employer l'appareil de Regnault, de préférence à
celui de Bunsen, de Ritchie, de Wheatstone
ou de tout autre? La municipalité n'a-t-elle
pas la faculté du choix!...

Dira-t-il, enfin, qu'il faut que le résultat
constaté soit la moyenne de plusieurs essais
effectués dans la soirée, pour avoir un caractère sérieux de certitude? Que, lorsqu'en ra-
menant la dépense de la lampe par le calcul,
on arrive à une consommation inférieure à 40 g.
il faut recommencer l'essai, parce qu'il est re-

connu qu'alors le rapport entre la dépense d'huile et celle de gaz n'est pas exact? Que l'on doit purger les conduites du gaz qui s'y trouve avant de procéder aux essais? Que la qualité de l'huile est mauvaise? Que le compteur n'est point fidèle, parce qu'il n'a pas été vérifié en commençant l'opération? etc., etc., toutes raisons vraies, plausibles; toutes conditions sans lesquelles il n'y a pas, en réalité, de résultat certain? Mais toutes ces raisons échoueront contre la lettre du contrat qui n'oblige pas la mairie à observer toutes ces conditions, toutes ces circonstances, et qui la laisse libre de contrôler la qualité du gaz comme elle l'entend.

C'est précisément pour éclairer les municipalités, les inspecteurs et les directeurs eux-mêmes sur leurs droits et leur devoirs respectifs, pour bien leur faire comprendre quelles garanties ils sont réciproquement en droit d'exiger, pour arriver au contrôle sérieux de la qualité du gaz d'éclairage, que nous prenons aujourd'hui la plume.

Nous ne nous dissimulons pas combien notre tâche est ardue, car nous nous attaquons parfois à des stipulations qui ont force de loi entre les parties ; mais notre confiance dans l'équité des administrations municipales est telle que nous n'hésitons pas à penser qu'elles sauront, à l'occasion, tenir compte de nos justes observations, et que, malgré certaines stipulations mal rédigées de leurs contrats qui peuvent les constituer arbitres souverains du mode de contrôle à employer, elles s'empresseront de prescrire l'usage des moyens dont la science et la pratique s'accordent à reconnaître l'efficacité.

Elles suivront en cela l'exemple qui leur a été donné par la préfecture de la Seine et la commission municipale de la ville de Paris, qui n'ont point hésité à modifier les clauses du traité de 1855, relatives au pouvoir éclairant du gaz, dù moment où l'inexécution en a été démontrée impossible, et à prendre pour règle du contrôle de la qualié du gaz l'instruction pratique rédigée à cet effet par **MM. Dumas et Regnault.**

II

LOIS ET PRINCIPES PHOTOMÉTRIQUES

Le but du contrôle de la qualité du gaz est complexe, car il a pour objet de vérifier à la fois le degré de pouvoir éclairant du gaz et son degré de pureté.

En effet, il peut arriver que le gaz soit en même temps défectueux sous le rapport de son intensité et sous celui de son épuration; souvent même un défaut d'épuration amènera un affaiblissement de pouvoir éclairant. Il importe donc de s'assurer qu'il est d'une qualité parfaite sous ce double point de vue; car :

Une insuffisance de pouvoir éclairant se traduit pour la ville en une dépense presque inutile, puisque l'éclairage de la voie publique est imparfait, que la viabilité et la sécurité publique peuvent être compromises, et pour les consommateurs particuliers, en un surcroît de dépense sans profit puisqu'il leur faut consommer plus de gaz pour n'obtenir que la somme de lumière dont ils ont habituellement besoin;

Et *une insuffisance d'épuration* peut amener la détérioration des peintures, des dorures et des marchandises dans les locaux éclairés au gaz qu'elle peut rendre d'ailleurs insalubres.

En outre, ces défectuosités se traduisent pour l'entrepreneur en procès-verbaux, amendes, retenues, plaintes, ennuis, procès, désaffection, etc., et pendant ce temps-là les progrès de l'entreprise sont paralysés, les bénéfices diminuent.

Tous, producteurs et consommateurs, ont donc le plus grand intérêt à ce qu'il soit constaté que le gaz d'éclairage possède les qualités qu'il doit avoir, et c'est donc rendre service à tous que de leur mettre sous les yeux les moyens faciles et pratiques de contrôler la qualité du gaz, de leur indiquer dans quelles conditions indispensables il faut opérer pour assurer la sincérité, l'efficacité des vérifications, sans recourir aux procédés et aux formules difficiles de la science qui demandent, pour être appliqués, des connaissances profondes, des mains expérimentées.

Le premier principe qui se présente à nous dans le sujet que nous avons à traiter, est celui-ci : *l'intensité de la lumière décroît à mesure que l'on s'éloigne du foyer lumineux*; c'est là une vérité que tout le monde connaît. On sait, en effet, que plus on s'éloigne d'une lumière, lampe ou bec de gaz, moins on y voit clair, et qu'il arrive un moment où l'on n'y voit plus, vu la distance.

Mais, analysons un peu l'effet optique qui se produit et voyons quelle conclusion nous pouvons en tirer :

Toute lumière émet ses rayons à la fois dans tous les sens, les rayons se propagent en ligne droite; pour bien comprendre cela, fermons les volets de la chambre où nous sommes et perçons-les d'un trou : un rayon lumineux, un rayon de jour, passera par l'ouverture que nous venons de pratiquer.

Présentons un papier ou carton blanc à quelques centimètres de cette ouverture, et nous verrons que le faisceau lumineux éclaire, sur le papier, une surface plus grande que celle de l'orifice; il forme donc un cône lumineux, et plus nous éloignerons le papier, plus la surface éclairée sera grande, mais moins aussi elle paraîtra éclairée, si bien que l'on pourra dire qu'elle recevra toujours la même somme de lumière, mais que cette somme de lumière sera répartie sur une surface de plus en plus grande; la base du cône lumineux ira toujours en s'agrandissant, mais ce sera toujours le même cône, car il sera formé par les mêmes rayons qui, se propageant en ligne droite, iront continuellement en s'écartant les uns des autres.

Or, on démontre en géométrie que si, à partir du sommet d'un cône, on opère des sections parallèles perpendiculairement à l'axe du cône, les surfaces de ces sections croissent, comme les carrés de leur distance, au sommet du cône. Il résulterait donc de l'application de ce principe à l'observation que nous venons de faire sur le cône lumineux dont la base devient de moins en moins éclairée au fur et à mesure qu'elle s'agrandit, que *l'intensité de la lumière diminue en raison inverse du carré de la distance du point d'observation au corps ou foyer lumineux*. On comprend que cet effet n'est dû qu'à la divergence des rayons qui vont en s'éparpillant sur la surface qu'ils éclairent, à mesure que cette surface s'éloigne du foyer producteur de lumière.

Il y a bien une autre cause à l'affaiblissement des rayons, c'est l'interposition de la masse d'air entre le foyer lumineux et la surface éclairée, et l'influence destructive de l'air sur les rayons qui le traversent est d'autant plus grande, que l'air est plus dense, plus chargé de vapeurs. Lorsque l'atmosphère est pure, elle n'exerce qu'une très-minime influence sur la lumière; mais vient-elle à se charger de brouillard qu'elle obscurcit jusqu'à la lumière du soleil qu'elle dépouille de ses rayons, et qui, d'éblouissant qu'il était, n'apparaît plus alors que comme un globe rougeâtre, inoffensif à l'œil, et nageant dans un océan de brume.

Cette observation nous conduit à la conséquence suivante qu'il est bon de noter : c'est qu'*aucune constatation sur l'intensité d'une lumière artificielle quelconque ne peut être faite à l'air libre sur la voie publique*, parce que si l'on veut s'assurer du pouvoir éclairant d'un gaz ou d'une lumière quelle qu'elle soit, il faut apprécier cette lumière sans aucun obstacle, c'est-à-dire en la mettant à l'abri des intempéries atmosphériques qui peuvent en amoindrir considérablement l'intensité.

Donc, la conclusion naturelle que nous devons tirer de nos observations sur le premier principe par nous posé, c'est que l'*intensité de la lumière est en raison inverse du carré de la distance du point d'observation au foyer lumineux ;* c'est uniquement sur ce principe que repose cette science qui consiste à comparer l'intensité des lumières entre elles et que l'on nomme la *photométrie.*

En effet, si devant un mur ou une surface blanche quelconque , nous plaçons une baguette, à quelques centimètres seulement de distance, et, devant cette baguette, à un mètre par exemple, une lumière, la baguette éclairée projettera son ombre sur le mur ; cette ombre paraîtra d'autant plus intense que la lumière sera moins éloignée et finira par disparaître à mesure que l'on éloignera la lumière , parce qu'alors elle se fondra dans l'obscurité relative qui proviendra de l'éloignement de la lumière.

Mais laissons le foyer lumineux à un mètre de distance, comme nous l'avons placé tout à l'heure, et supposons que ce foyer soit une lampe de fort calibre.

A quelque distance de cette lampe, sur la même ligne par rapport au mur, et sous un angle égal par rapport à la baguette, plaçons une bougie allumée. Immédiatement la baguette projettera une seconde ombre sur le mur. Nous aurons donc deux ombres produites par la même baguette : l'une, forte, produite par la lampe et projetée du côté de la bougie ; l'autre, faible, produite par la bougie et projetée du côté de la lampe.

Evidemment l'ombre produite par la bougie n'est plus faible que l'autre que parce que la lumière de la bougie est moins intense que celle de la lampe, et la preuve, c'est que si nous remplaçons la bougie par une seconde lampe

semblable à la première, les deux ombres projetées par la baguette seront aussi foncées
l'une que l'autre.

L'égalité dans la teinte des ombres est donc
l'indice certain de l'égalité de la puissance
lumineuse des deux foyers; par contre, l'inégalité dans l'intensité de la teinte des ombres
indiquera l'inégalité de la puissance lumineuse
des deux foyers; c'est logique.

Donc, puisque la bougie produit une ombre
moins dense que celle produite par la lampe,
c'est que la bougie éclaire moins que la lampe;
c'est évident.

Avançons un peu la bougie vers la baguette,
qu'observons-nous? C'est que plus la bougie
avance, plus l'ombre qu'elle projette épaissit;
si bien qu'il arrive un moment où l'ombre
projetée par la bougie présente exactement la
même teinte que l'ombre projetée par la
lampe.

Or, nous venons de voir que l'égalité dans
la teinte des ombres est l'indice certain de l'é-
galité de la puissance lumineuse des deux
foyers; donc, dans la nouvelle position qu'occupe la bougie, son pouvoir éclairant égale ce-

2.

lui de la lampe. Notons qu'elle est maintenant à 0 mètre 25 de la baguette, tandis que la lampe en est restée à un mètre.

Une question se présente alors naturellement à l'esprit : quelle est donc la puissance lumineuse de la lampe par rapport à celle de la bougie pour qu'elle éclaire autant que cette dernière, bien que placée à un mètre du point de comparaison, tandis que la bougie en est à 25 centimètres seulement?

La solution est facile à trouver, et c'est le second principe que nous avons posé qui va nous la donner.

Nous avons dit, en effet : *l'intensité de la lumière est en raison inverse du carré de la distance du point d'observation au foyer lumineux*. Donc, pour avoir l'intensité de chacune des deux lumières, prenons la distance qui la sépare de la baguette, et multiplions cette distance par elle-même pour en avoir le carré.

La lampe est à un mètre, c'est-à-dire à 100 centimètres de la baguette ; le carré de 100 est 10,000 ; donc, l'intensité de la lampe est représentée par le nombre 10,000

La bougie est à 25 centimètres de la baguette;

le carré de 25 est 625; donc, l'intensité de la bougie est représentée par le nombre . . 625

Maintenant, qu'est-ce que 625 par rapport à 10,000? La division du plus fort par le plus faible, nous dit que le nombre 625 est contenu 16 fois dans le nombre 10,000..

Donc, la lumière de la lampe vaut 16 fois celle de la bougie.

Voilà toute la photométrie; c'est, comme on le voit, une opération fort simple qui se réduit à l'application d'un principe que nous allons formuler ainsi :

Les intensités respectives de deux lumières sont entre elles en raison directe du carré de leur distance au point d'observation.

Est-il besoin d'une démonstration et d'une formule mathématiques pour rappeler ce principe à l'esprit de nos lecteurs, voici comment on le démontre :

Soit i l'intensité d'une lampe, i' l'intensité d'une bougie, d la distance de la lampe au point d'observation, d' la distance de la bougie à ce même point; l'intensité de la lumière, sur une surface donnée, étant en raison inverse du carré de sa distance à la source lumineuse, l'intensité de la lampe à la distance d sera naturellement $\frac{i}{d^2}$, et celle de la bougie à la distance d' sera $\frac{i'}{d'^2}$. Or, au point d'observation, ces deux intensités sont égales; on obtient donc le résultat $\frac{i}{d^2} = \frac{i'}{d'^2}$; d'où il faut déduire que $\frac{i}{i'} = \frac{d^2}{d'^2}$, c'est-à-dire que les intensités de la lampe et de la bougie $\frac{i}{i'}$, sont entre elles en raison directe de leur distance au point d'observation $\frac{d^2}{d'^2}$.

Voilà pour la démonstration; quant à la formule, un ingénieur anglais représentant:

Par D^2 la distance de la lumière la plus éloignée du point d'observation;

Par d^2 la distance de la lumière la plus rapprochée du point d'observation;

Par X le rapport qui existe entre les deux lumières, a posé ainsi la formule:

$$X = \frac{D^2}{d^2}$$

C'est effectivement là l'opération que nous

avons effectuée tout à l'heure ; en effet, mettant les chiffres en regard des lettres, nous constaterons le résultat déjà obtenu :

$$\frac{D^2}{d^2}\frac{(10,000)}{(625)} = X\,(16).$$

III

DES PHOTOMÈTRES

Dans la démonstration que nous avons faite au chapitre précédent, nous nous sommes servi, pour trouver le rapport qui existait entre les intensités de deux lumières, d'une baguette placée devant un mur ou une surface blanche sur laquelle elle projette ses ombres. Si l'opération effectuée constitue la *photométrie* ou l'art de mesurer les lumières, cette baguette et cette surface constituent un instrument que l'on nomme *photomètre*, c'est-à-dire un instrument qui sert à mesurer les lumières.

Si imparfait, si primitif que soit cet instrument, il n'en est pas moins complet en ce sens qu'il permet d'arriver à un résultat positif, exact ; mais, comme il présente des inconvénients, on a cherché à le remplacer par un instrument pratique d'une manœuvre aussi simple que facile.

En effet, supposons que l'opérateur pose sur une table, devant lui, les deux lumières à examiner placées en face d'un écran muni d'une baguette ; pour observer les teintes des ombres, il faudra qu'il se mette bien en face de la baguette ; mais si l'éclat des lumières le force à pencher la tête d'un côté ou de l'autre, il arrive alors que l'ombre qui lui paraissait la plus claire lui semble être la plus foncée ; le même phénomène se reproduit s'il change de place, pour peu qu'il y ait d'écartement entre les deux ombres projetées sur l'écran, de sorte que l'opération peut lui laisser un doute, une incertitude dans l'esprit ; si, au lieu d'un écran opaque, il se sert d'un écran translucide et qu'alors il se place derrière l'écran pour observer l'intensité des ombres, le même effet se produira de nouveau.

Qu'a-t-on fait alors pour obvier à cet inconvénient?

On a pris un écran opaque que l'on a placé verticalement sur la table qui supporte les lumières; à la hauteur des lumières on a pratiqué une ouverture circulaire de six centimètres de diamètre environ; on a garni cette ouverture d'un disque translucide sans être transparent, et du côté opposé à l'opérateur, on a placé un diaphragme teint en noir mat pour éviter toute lumière réfléchie; ce diaphragme, également vertical et perpendiculaire à l'écran, partage le disque translucide en deux parties égales. On a donné à ce diaphragme plus ou moins de largeur: les uns l'ont fait de 4 centimètres, les autres de 20 et même plus; parfois même on a prolongé ce diaphragme par un rideau noir.

Les deux lumières à examiner étant placées derrière le photomètre sous un angle égal dont le sommet coïncide avec la ligne de jonction du diaphragme sur le disque translucide, on les allume successivement.

La première allumée éclaire la partie du disque qui est placée de son côté, et laisse l'autre partie dans l'ombre ; la seconde lumière vient éclairer la seconde partie du disque, de sorte que l'observateur a devant les yeux deux demi-lunes inégalement éclairées.

Pour éviter toute aberration résultant de l'inclinaison du regard à droite ou à gauche, l'écran porte à la hauteur du disque un appendice d'une forme quelconque qui remplit l'office de lunette, de sorte que l'œil ne peut errer.

Lorsque, par le rapprochement de l'une ou l'autre des lumières, elles se trouvent dans une situation telle par rapport au disque que la somme de lumière que chacune d'elles lui envoie est égale à l'autre, le disque se trouve uniformément éclairé, et l'œil n'aperçoit plus qu'une clarté uniforme.

Il ne reste alors qu'à relever les distances pour faire le calcul, et en déduire la relation qui existe entre les deux lumières, comme nous l'avons dit au chapitre précédent.

Comme on le voit, cet instrument est d'une manœuvre très-facile ; il arrive cependant un cas où l'œil de l'observateur se trouve embarrassé, c'est celui où les lumières comparées n'ont pas la même teinte.

Le gaz, par exemple, produit sur le disque translucide une lumière d'un gris bleuâtre ; une lampe, une bougie teintent au contraire le disque en gris jaune. Or, cette différence de teinte embarrasse souvent l'observateur même le plus expérimenté. Nous avons cherché à détruire cette différence de teintes pour rendre l'opération plus facile ; à cet effet, nous avons adapté, à l'œil de la lunette par laquelle on regarde le disque, un miroir qui remplit l'office de colorateur, et qui colorie en rouge cerise le disque translucide ; cette nuance est la seule que n'altèrent point les deux teintes différentes produites sur le disque et qui les neutralise entièrement, de sorte qu'il est facile à l'observateur de reconnaître l'égalité des lumières à l'uniformité de la couleur cerise sur les deux parties du disque.

Ce genre de photomètre est vulgairement appelé *photomètre à ombres*, bien qu'en réalité il permette d'apprécier comment chacune des lumières comparées éclaire directement la partie du disque devant laquelle elle est placée ;

mais ce nom lui vient de ce qu'il n'est qu'une modification du photomètre à baguette de Rumfort.

C'est le photomètre employé par la ville de Paris ; c'est celui qui est le plus universellement en usage en France.

On le trouve dans les laboratoires sous divers noms, sous diverses formes, suivant les différentes modifications qu'il a subies aux mains de tel ou tel autre opérateur ; mais, qu'il s'appelle photomètre Foucault, photomètre Regnault, photomètre Ritchie, ou photomètre à ombres unicolores, c'est toujours le même instrument, le même principe ; la différence ne réside que dans les modifications de forme que chacun a cru devoir y apporter pour en rendre l'usage plus pratique.

Ainsi, Foucault lui a donné la forme d'une boîte ouverte à l'avant du côté des lumières, et close de l'autre côté par l'écran qui est protégé par une porte à charnière qui se rabat pendant l'opération.

L'écran est composé de deux plaques appliquées l'une contre l'autre, après avoir été recouvertes chacune d'une couche d'amidon pour les rendre translucides sans transparence. Le diaphragme n'est pas large, et produit, dans les expériences, deux ombres sur l'écran; au moyen d'une vis placée à la partie supérieure de la boîte, on fait avancer et reculer le diaphragme à volonté, pour bien juger de la similitude des ombres.

Regnault a donné à son photomètre la forme cylindrique, mais l'écran est carré; il est composé d'une glace revêtue d'une couche de stéarine; le diaphragme aussi est mobile, et produit deux ombres sur l'écran.

Le photomètre Ritchie a la forme d'un tube carré ouvert aux deux extrémités; il se place entre les lumières, à la même hauteur qu'elles; chacune d'elles se reflète dans une glace inclinée à 45 degrés, placée à l'intérieur du tube, et qui transmet la lumière à un écran en forme de disque placé au-dessus de l'appareil.

Notre *photomètre à ombres unicolores* a la forme d'une boîte ouverte en éventail, suivant l'angle formé par les deux lumières à examiner; jugeant inutile de conserver une partie de l'écran sur laquelle aucun phénomène ne se produit, nous avons réduit l'écran à la forme d'un disque que remplit de chaque côté l'ombre portée par le diaphragme. Notre écran se compose de deux feuilles de papier dit *demi-pelure* superposées, qu'il est facile de changer lorsque cela est devenu nécessaire. Nous avons maintenu le diaphragme immobile, parce que notre miroir coloré annihilant les différences de teintes des ombres, nous n'avions pas besoin de faire avancer ou reculer le diaphragme pour nous rendre compte de la similitude d'intensité, malgré la différence de teintes, puisque cette différence n'existe plus pour nous; enfin notre photomètre porte un appendice percé d'un trou, pour maintenir constamment l'œil dans une direction normale.

L'emploi de ce photomètre s'est propagé avec une grande facilité; bien des municipalités et des usines à gaz en font usage.

En Angleterre et en Allemagne, on emploie plus généralement le photomètre à images de Bunsen, ou les modifications qui y ont été apportées par divers constructeurs et ingénieurs tels que Edge, King, Mann, Church, Wright, etc.

Comme nous avons quelquefois rencontré ce photomètre en France, et surtout une modification très-ingénieuse due à M. Eugène Burel, de Rouen, nous allons dire sur quel principe il se base.

Dans ce photomètre, la comparaison des intensités a lieu par la lumière qui passe à travers une surface transparente, et la lumière réfléchie qui frappe sur une surface opaque. Cette comparaison se fait en interposant entre les deux lumières placées toutes deux sur une même ligne et à la même hauteur, un disque de papier transparent dont le centre seul est opaque. Si l'on allume la lumière placée derrière ce disque, l'anneau transparent paraîtra éclairé et un rond noir apparaîtra au centre. Si l'on allume la lumière placée devant le disque, et si elle est placée à une distance telle que la lumière réfléchie par le centre opaque soit plus forte que celle qui passe à travers l'anneau transparent, le centre paraîtra à son tour plus éclairé que l'anneau. Si au contraire la lumière placée devant le disque est à une distance telle que la lumière réfléchie soit moins forte que la lumière transmise, le centre sera plus noir que l'anneau, et sera distinctement visible.

Mais si la lumière est placée à une distance telle que la lumière réfléchie et la lumière transmise soient égales, le centre devient invisible, car il n'y a plus de différence entre le centre et l'anneau.

Alors l'intensité des lumières est égale, et leur rapport s'établit sur le principe et d'après la formule décrite au chapitre précédent.

A notre avis, il est fort difficile de reconnaître avec cet appareil le point exact de l'égalité d'intensité des deux lumières comparées ; la préparation de l'écran donne au papier deux teintes différentes, deux nuances de blanc d'une difficulté d'appréciation fort difficile à la vue ; cet avis était partagé par feu Jeanneney qui a laissé un nom fort estimé dans l'industrie du gaz.

L'emploi de cet appareil ne peut être confié qu'à des hommes habiles, expérimentés ; il n'est pas d'un maniement facile, pratique, et, à ce titre, nous ne saurions en recommander l'usage.

Néanmoins, comme il convient que chacun

trouve ici les renseignements qui peuvent lui être utiles, nous allons indiquer les divers moyens employés pour fabriquer les écrans spéciaux nécessaires à cet appareil.

Dans le principe, on s'est servi de *sperma-ceti* en fusion, pour donner au papier la transparence nécessaire. Le docteur Fyfe recommande d'employer à cet effet du spermaceti dissous dans de l'huile de naphte, jusqu'à ce qu'il acquière une consistance légèrement solide à la température ordinaire, mais capable toutefois de se liquéfier à une très-faible chaleur, comme celle que peut communiquer à un vase mince, en quelques minutes, une main chaude. Il applique la mixtion quand elle est fluide, en laissant au centre un rond de deux centimètres environ de diamètre. On maintient ensuite le papier horizontalement au-dessus d'une lampe, et on le chauffe avec précaution pour faire disparaître les inégalités. Il préfère le papier d'un blanc jaunâtre pour en faire les écrans.

D'autres ont employé au même objet l'alcool amylique, c'est-à-dire, l'essence de pomme de terre parfaitement pure. On a fait aussi des écrans avec de la cire, de la stéarine.

Souvent encore, au lieu de faire le centre opaque, on l'a rendu transparent en ne faisant qu'une tache de un centimètre de diamètre au centre de l'écran.

IV

DE LA LUMIÈRE TYPE

Servant à évaluer le pouvoir éclairant du gaz

Lorsque, pour la première fois, on voulut se rendre compte de la quantité de lumière que donnait un bec de gaz quelconque, on compara la lumière du gaz avec celle que fournissaient les autres modes d'éclairage jusqu'alors en usage, et les plus commodes pour opérer de semblables expériences ; ce furent naturellement la bougie de stéarine et la lampe

Carcel qui furent choisies comme types ou points de comparaison.

L'emploi des bougies nous a toujours paru bien supérieur à celui de la lampe, parce que les bougies bien confectionnées au moyen de stéarine convenablement épurée, et toujours moulées avec soin, de manière que chaque bougie ait constamment le même diamètre et le même poids, et soit munie d'une mèche toujours égale, comme cela arrive avec la véritable bougie stéarique, dite de l'*Etoile*, de la fabrique de M. de Milly, les expériences ne sont, pour ainsi dire, point sujettes à erreur.

Sans doute, une bougie ne conserve pas en brûlant la même intensité; mais il a été constaté par Péclet qu'en prenant certaines précautions, une bougie de stéarine se maintenait au même degré de pouvoir éclairant.

Ainsi, quand après avoir été allumée, la mèche de la bougie arrive à une longueur de 10 millimètres à partir de la naissance de la flamme, la bougie est à son maximum d'intensité; or, il est facile de la maintenir à ce point en ayant soin de la couper toutes les fois qu'elle dépasse cette longueur, et en évitant que la cuvette, formée autour de la mèche par l'action de la flamme sur la matière, ne se garnisse dans son pourtour de dentelures de stéarine non fondue, comme cela arrive surtout en hiver.

Dans les nombreuses expériences auxquelles nous nous sommes livré, nous avons toujours constaté que la bougie de stéarine, ainsi entretenue, constituait le type le plus constant qu'il soit possible d'employer.

A cet effet, nous nous servons de bougies longues, de cinq au paquet de 485 grammes, c'est-à-dire pesant chacune 97 grammes et brûlant environ 9,60 grammes à l'heure.

La lampe Carcel présente bien plus de causes d'erreurs que la bougie; ces causes sont:

La qualité de l'huile qui n'atteint pas toujours le même degré d'épuration quand elle ne varie pas de nature par suite des mélanges ou des falsifications dont elle est l'objet;

La qualité de la mèche, l'épaisseur de son tissu, son diamètre;

La forme de la cheminée du verre, son diamètre, sa longueur, la forme de l'étranglement du coude;

La manière de régler la lampe, c'est-à-dire de monter plus ou moins la mèche, de hausser ou de baisser le coude de la cheminée;

Toutes causes de variations dans le pouvoir éclairant de la lampe, et, par suite, d'erreurs dans les constatations.

En effet, les expériences de tous ceux qui se sont occupés de la matière et, en dernier lieu, de MM. Dumas et Regnault, ont constaté que:

1º L'on doit employer de l'huile qui ne soit ni trop fluide, ni trop épaisse; — trop fluide, elle est brûlée par les acides employés à son épuration, dès lors elle brûle avec trop d'activité; trop épaisse, elle est mal épurée et brûle mal; dans les deux cas, elle charbonne promptement la mèche qui, ainsi durcie, perd une grande partie de sa capillarité; alors l'intensité de la lumière change. Quelques fabricants d'huile se plaisent à pousser l'épuration de l'huile à un degré extrême; l'huile alors n'a qu'une couleur très-légère, elle est fluide comme de l'eau. Il faut se défier de cette qualité d'huile, malgré sa belle apparence, et se rappeler que l'huile est, de sa nature, onctueuse.

2° La mèche moyenne, c'est-à-dire, ni trop épaisse, ni d'un tissu trop fin, est la plus avantageuse, parce que, à dépense égale, elle donne la plus forte intensité ; il faut choisir de la mèche dite *mèche des phares*, du calibre convenable pour la lampe, ni trop étroite ni trop large, de façon qu'en brûlant elle forme un cercle bien régulier ; il faut conserver les mèches à l'abri de l'air et de l'humidité, non pas qu'elles s'éventent, comme on le dit vulgairement ; mais, d'un côté, la poussière remplit promptement le tissu de la mèche ; de l'autre côté, l'humidité le gonfle ; de sorte que, dans les deux cas, la capillarité de la mèche est détruite.

Chaque jour d'expérience, on changera la mèche de la lampe pour éviter que l'huile ne s'épaississe dans la mèche, ce qui la rendrait impropre aux essais, et ne permettrait pas d'obtenir la consommation normale de la lampe ;

3° Le coude de la cheminée doit être franchement et carrément accusé, de manière à régler d'une façon convenable le tirage autour de la flamme; une cheminée dont le coude n'est qu'une diminution graduée du diamètre, comme celui des cheminées dites *cheminées comètes*, ne doit point être employée. La hauteur de la cheminée doit être d'environ 23 ou 24 centimètres au-dessus du coude ; le verre en doit être bien blanc et pur; il faut le nettoyer très-soigneusement avant chaque expérience, parce que la moindre impureté peut affaiblir la transparence et occasionner une déperdition considérable dans le pouvoir éclairant de la lampe. La cheminée doit être, en outre, parfaitement droite, et cylindrique;

4° L'élévation de l'étranglement du verre au-dessus de la mèche tend à augmenter la dépense d'huile dans une proportion toujours croissante, mais il y a un point où, la dépense croissant toujours, l'intensité diminue : c'est lorsque l'étranglement de la cheminée coïncide avec la naissance de la flamme; en cette position, le tirage étant très-vif, la dépense d'huile est très-grande, et la flamme perd une quantité notable de son intensité lumineuse.

Il convient donc, après avoir élevé la mèche à une hauteur de 1 centimètre au-dessus du bec de la lampe, de façon à ce qu'elle brûle bien à blanc, de fixer l'étranglement de la cheminée à une hauteur de sept millimètres au-dessus du niveau de la mèche.

Pour observer constamment ces hauteurs relatives sans prendre chaque fois la peine de les mesurer, on les marquera au diamant sur la cheminée.

Une fois toutes ces précautions prises, et elles sont assez minutieuses comme on le voit, l'on n'a encore un type constant qu'à la condition de n'employer la lampe aux expériences que pendant une heure et demie à partir du moment où elle aura été allumée; car voici, d'après Péclet, les différences d'intensité que l'on remarque pendant sa combustion :

En représentant par 100 le degré d'intensité de la lampe au moment où elle vient d'être allumée, une heure après son pouvoir éclairant égale 103 ; une seconde heure se passe, il est monté à 116 ; au bout de la troisième heure, il est redescendu à 110. Mais à la quatrième, il est remonté à 117, degré auquel il se maintient pendant les trois heures suivantes.

On voit donc que la lampe ne peut être employée comme type que pendant le temps plus haut fixé ; car la variation de 100 à 103 n'est que très peu de chose. Mais comme c'est à partir de la troisième demi-heure de combustion que le pouvoir éclairant s'élève progressivement vers le chiffre 116, il faut alors cesser d'employer la lampe si l'on ne veut pas vicier les expériences par suite des variations d'intensité du type.

Ce n'est pas tout encore, **MM.** Dumas et Regnault ont reconnu qu'il n'y avait point de proportion entre la dépense d'huile et celle de gaz, si ce n'est aux environs de la dépense de 42 grammes d'huile à l'heure, chiffre normal de la dépense de la lampe Carcel établie dans les conditions que nous venons d'énumérer.

Or, il arrive souvent que la lampe, pour une cause ou pour une autre, causes qui échappent souvent à l'appréciation de l'expérimentateur, ne consomme pas exactement 44 grammes d'huile à l'heure ; tant que la consommation d'huile se maintient entre 40 et 44 grammes à l'heure, le rapport de la dépense d'huile à celle de gaz est très-sensiblement constant; à 38 et 39 gr., il l'est moins, et il convient, sans pour cela rejeter le résultat de l'essai, de le recommencer pour obtenir une moyenne exacte ; mais, pour des différences plus grandes, le calcul donnerait des résultats erronés. Il faut donc, quand la consommation d'huile descend au dessous de 38 grammes ou s'élève au-dessus de 46 grammes, rejeter absolument l'essai et considérer l'expérience comme nulle.

Malgré ces difficultés, ces soins, ces précautions, c'est la lampe Carcel qui a été désignée comme type du pouvoir éclairant du gaz dans la ville de Paris : nous verrons au chapitre suivant les motifs de cette préférence.

Toutefois, comme des motifs d'économie, et peut-être même aussi les avantages que présente l'usage de la bougie en considération de la simplicité des conditions et de la facilité de son emploi, peuvent déterminer certaines municipalités ou certaines compagnies à faire usage de ce type, il est bon de faire connaître ici la relation qui existe entre le pouvoir éclairant d'une lampe Carcel et celui d'une bougie.

L'intensité d'une lampe Carcel étant représentée par 100, celle de la bougie, d'après les expériences de Péclet, qui sont toujours invoquées en pareille matière, est représentée par 14.30, c'est-à-dire que la lumière d'une lampe Carcel équivaut à celle de 6 bougies 993 millièmes, soit en nombre rond, sept bougies ; par conséquent, comme dans les expériences la lampe Carcel doit être placée à un mètre du photomètre, si l'on emploie la bougie, il faudra la placer à 0^m2645 du photomètre.

Notons encore que tout autre lampe, à mouvement d'horlogerie ou autre, comme la lampe dite *à modérateur*, alimentant la mèche au moyen d'une élévation constante d'huile, se renouvelant sans cesse au bec par le jeu d'un mécanisme quelconque, peut être substituée à la lampe Carcel, pourvu qu'elle soit du même calibre, et qu'elle consomme, par conséquent, la même quantité d'huile à l'heure.

Si Péclet n'a pas mentionné, dans ses essais, la lampe à modérateur, c'est qu'elle n'existait point alors ; au reste, il ne désigne pas exclusivement la lampe inventée par Carcel : il parle de la lampe à mouvement d'horlogerie. Or, la lampe de Carcel n'était pas à cette époque la seule de ce genre. Aujourd'hui même, on désigne vulgairement sous le nom de *lampe Carcel* toute lampe à mouvement d'horlogerie.

V

TITRE DU GAZ

Toute personne qui assiste pour la première
fois à des expériences sur le pouvoir éclairant du
gaz, est surprise de voir qu'il n'existe aucune
relation entre la consommation des divers
becs de gaz en usage et l'intensité de la lumière qu'ils fournissent, si bien que l'on se
demande, après maint et maint essai, quelle
est en réalité la qualité du gaz.

On a si souvent parlé, même dans les contrats d'éclairage, de becs, demi-becs, quarts
de becs, que l'on a pu s'imaginer qu'en prenant un bec, dont la dépense fût la moitié de

celle d'un autre bec, l'on obtiendrait exactement la moitié de la lumière fourniepar celui-ci ; aussi est-on étonné à l'essai de voir qu'il n'existe pas en réalité de relation entre ce que l'on nomme un bec et un demi-bec.

Ainsi, dans l'ancien traité pour l'éclairage de la ville de Paris, le bec de la 3e série, consommant 200 litres de gaz à l'heure, fournissait la lumière de 12 bougies 04 ; dès lors, on aurait pu croire que le bec de la première série, qui consommait 100 litres à l'heure, devait fournir la lumière de 6 bougies 02, tandis qu'en réalité son pouvoir éclairant n'était que de 5 bougies 39.

Nous pourrions citer beaucoup d'autres exemples, tels que celui-ci :

D'après Péclet, il faut brûler 127 litres de gaz dans un bec cylindrique pour obtenir la lumière d'une lampe Carcel.

D'après MM. Dumas et Regnault, il ne faut que 105 litres de gaz pour arriver à cette intensité.

Ces variations constantes sont dues à une foule de causes, dont la plupart dépendent du mode de fabrication des brûleurs, de la manièrè dont la combustion s'opère au bec, et de la pression sous laquelle le gaz y arrive.

L'influence de la pression sur l'intensité lumineuse du gaz est énorme ; ainsi, 100 litres de gaz qui, consommés à la pression de 15 millimètres d'eau, ne donnent que la lumière de 5 bougies 1/3, augmentent d'intensité et éclairent autant que 7 bougies, si la pression sous laquelle ils arrivent au bec descend à 7 millimètres.

Il y a longtemps que feu Jeauneney a fait connaître cette salutaire influence de la combustion du gaz à basse pression, et, pour notre part, il y a dix ans que, fort de ses expériences corroborées par les nôtres propres, nous n'avons cessé de recommander à nos lecteurs de brûler le gaz à la plus basse pression possible, s'ils veulent obtenir d'une même quantité de gaz la plus grande somme de lumière.

Cette vérité ne pouvait manquer d'être observée et mise en lumière par les deux savants illustres qui ont étudié cette intéressante question, au point de vue de l'éclairage de la ville de Paris ; aussi, à la suite des nombreuses expériences auxquelles ils se sont livrés, ont-ils reconnu qu'il existe une loi générale qui s'applique à toutes les espèces de brûleurs, laquelle loi peut se résumer ainsi :

« *Le pouvoir éclairant le plus fort coïncide* « *avec les pressions faibles.* »

« Pour tous les becs et pour toutes les dé-« penses, le maximum de lumière correspond « à 2 ou 3 millimètres de pression. La pres-« sion manométrique donnant la mesure de la « vitesse d'écoulement du gaz, on peut dire « que le gaz, s'écoulant avec la même vitesse, « donne toujours le même pouvoir éclairant.

« Il résulte de cette loi que, quelle que soit « la forme d'un bec, on peut, en le plaçant « dans certaines conditions, obtenir une quan-« tité de lumière constante en lui faisant brû-« ler une même quantité de gaz. »

Ce principe reconnu, il devenait évident que tous les essais faits pour reconnaître le degré d'intensité lumineuse devaient être opérés à basse pression, puisque, si l'on opérait à forte pression, on se plaçait dans des conditions désavantageuses à la qualité du gaz, on détruisait son intensité ; en un mot, le résultat des constatations manquait du caractère de sincérité, de vérité, qui doit présider à toute opération de contrôle.

De ce moment, la nécessité d'un bec type étant reconnue, il devenait évident qu'il fallait modifier les clauses du contrat en stipulant d'un côté l'intensité que devait fournir le gaz brûlé dans le bec type, sous une pression et en quantité déterminée, et de l'autre côté, pour les becs des lanternes publiques, la nature des brûleurs, les dimensions des fentes, et la dépense de gaz à l'heure ; c'est ce que l'on a fait pour l'éclairage de Paris, et c'est ce qu'ont fait déjà un grand nombre de municipalités.

Une fois ce principe admis, il ne restait plus qu'à déterminer le bec de gaz qui devait servir de type, et arrêter, d'une manière irrévocable, les conditions dans lesquelles il devait se trouver au moment des expériences.

Il fallait aussi faire choix de la lumière-étalon, qui devait servir de point de comparaison pour essayer et contrôler le gaz brûlé dans le bec type.

Nous avons dit que MM. Dumas et Regnault avaient donné la préférence à la lampe Carcel sur la bougie. En voici le motif extrait de leur rapport :

« Le gaz remplace l'huile pour l'éclairage, tant pour la ville que pour les consommateurs; il paraît donc naturel de choisir, comme terme de comparaison, le bec à l'huile généralement en usage pour établir la valeur du bec de gaz qui est appelé à le remplacer; or, la lampe à mouvement d'horlogerie étant d'un usage général, c'est à elle que l'on doit donner la préférence ; puis, afin de mettre autant que possible les deux lumières comparées dans des conditions identiques, il fallait chercher à brûler le gaz comme l'huile dans une lampe à double courant d'air, avec une cheminée, de telle sorte que l'intensité du bec de gaz et celle de la lampe Carcel étant maintenues constamment au même degré, il n'y eût à constater après l'expérience que la consommation d'huile, et celle du gaz, pour en déduire le rapport d'intensité des deux lumières. »

Il fallut alors rechercher quel devait être le brûleur le plus favorable au consommateur. Des centaines de becs furent essayés au laboratoire de la Sorbonne ; enfin, MM. Dumas et

Regnault fixèrent leur choix sur *le bec cylindrique en porcelaine*, *dit bec Bengel à 30 jets, lequel devait fournir, avec une dépense de* 105 *litres de gaz à l'heure, une lumière égale à celle d'une lampe Carcel, brûlant* 42 *grammes d'huile à l'heure.*

Le titre du gaz a donc été fixé à une dépense de 105 litres de gaz pour une lampe Carcel, dont, comme nous l'avons vu, la lumière est égale à celle de sept bougies de stéarine.

Nos lecteurs seront, sans doute, satisfaits de trouver ici les clauses spéciales du traité d'éclairage de la ville de Paris, actuellement en vigueur ; les voici :

« Le gaz sera parfaitement épuré, et son pouvoir éclairant devra être tel que, sous la pression de deux à trois millimètres d'eau, l'éclat d'une lampe Carcel, brûlant 42 grammes d'huile de colza épurée à l'heure, puisse être obtenu avec une consommation de 105 litres de gaz à l'heure en moyenne..... la constatation du pouvoir éclairant s'effectuera chaque jour de la manière suivante :

« Les expérimentateurs prendront pour type du brûleur du gaz, le bec Bengel en porcelaine à trente trous, brûlant sous deux à trois millimètres d'eau de pression, avec un verre de vingt centimètres de haut et 0^m049 de diamètre en bas, et 0^m052 en haut; ils en règleront la flamme pour avoir une lumière d'une valeur égale à celle de la lampe Carcel, brûlant 42 grammes d'huile à l'heure, sous les conditions spécifiées dans l'instruction de **MM.** Dumas et Regnault, jointe au présent traité.

« Les deux flammes ayant été maintenues bien exactement égales en intensité, pendant le temps nécessaire pour brûler 10 grammes d'huile, les expérimentateurs mesureront le gaz consommé, qui devra s'élever en moyenne à 25 litres, la consommation devant être en moyenne de 105 litres de gaz pour 42 grammes d'huile.....

« Les essais seront effectués de 8 à 11 heures du soir ; les expérimentateurs feront trois essais à demi-heure d'intervalle, et ils en pren dront la moyenne.....

« Si la consommation du gaz qui, dans les essais, doit être égale à 25 litres, dépassait 27 litres 50, il en serait immédiatement donné connaissance à **M.** le préfet de la Seine et à la Compagnie.

« La moyenne des essais de chaque mois devra être égale à 25 litres en nombre rond... Quand la moyenne d'un mois sera inférieure ou supérieure au type, il sera fait report aux mois suivants du même trimestre, de la compensation due par la Compagnie ou par la ville. A la fin de chaque trimestre, le compte de la compensation proportionnelle entre toutes les usines sera arrêté, et, s'il y a déficit, la Compagnie paiera à la ville une amende égale à la valeur de la lumière manquante, en prenant pour base le prix de l'éclairage public, sous la déduction du droit d'octroi, et la moyenne mensuelle de la consommation de l'éclairage public dans le trimestre.

« Pour une même année, la Compagnie solde le compte en déficit des deux premiers trimestres, en payant une amende égale à la valeur de la lumière qui n'aura pas été fournie, ainsi qu'il vient d'être dit. Si les déficits se représentaient pour un ou deux des trimestres du second semestre de la même année, la Compagnie paierait respectivement, pour chacun d'eux, une amende égale à deux fois la valeur de la lumière qui n'aurait pas été livrée.

« Les dispositions des deux paragraphes qui précèdent ne s'appliquent qu'au cas prévu où la lumière en déficit ne dépassera pas 10 0/0, ce qui correspond à une consommation de gaz qui, dans l'appareil d'essai, ne dépasse pas 27 litres 50 pour 10 grammes d'huile brûlée.

« Si ces chiffres sont dépassés dans les essais de deux soirées consécutives, il sera procédé, après un délai de cinq jours, à des expériences contradictoires, en présence des agents de la ville et de ceux de la Compagnie. En cas de désaccord entre les agents des deux services sur le résultat des expériences, il serait immédiatement fait appel à un ingénieur de l'Etat, tiers expert désigné à l'avance à cet effet par le conseil de préfecture, au commencement de chaque année.

« A partir du jour où le déficit en dehors des tolérances de 10 0/0 aura été dénoncé par la ville à la Compagnie, s'il se reproduit pendant dix jours de suite ou pendant quinze jours non continus dans un même mois, la Compagnie sera tenue de payer une amende égale à cinq fois la valeur de la lumière manquante, au prix de l'éclairage public réduit comme il est dit ci-dessus.

« Si le déficit en dessous des tolérances ne s'est pas produit pendant dix jours de suite ou pendant quinze jours en un mois, la Compagnie sera autorisée à en faire la compensation, comme si ce déficit avait eu lieu dans la limite de la tolérance.

« La compensation sera admise aussi pour le cas de force majeure ; mais lorsque la Compagnie aura prévu ou constaté quelque cas de force majeure pouvant modifier le pouvoir éclairant du gaz, elle sera tenue de le notifier immédiatement à M. le préfet de la Seine.

« Le résultat des procès-verbaux de vérification du pouvoir éclairant, tant journaliers que contradictoires, sera rendu public quatre fois par an, par le mode que déterminera M. le préfet de la Seine. »

Nous n'avons pu résister au désir de citer presque en son entier cet article du contrat de la Compagnie parisienne, parce que, dans les diverses clauses qui y sont stipulées, nos lecteurs verront de quelles précautions l'autorité a cru devoir entourer le contrôle de la qualité du gaz à Paris, pour en assurer la sincérité ; ils y verront en même temps, par les formalités prescrites en cas de mauvaise qualité de gaz, qu'elle a su tenir compte des difficultés nombreuses qui se présentent parfois dans la fabrication du gaz, et des éventualités tout à fait involontaires et accidentelles auxquelles cette fabrication est soumise.

Une fois que les conditions de la qualité du gaz ont été ainsi déterminées, la municipalité doit rester libre du choix des becs à placer dans les lanternes de ville ; elle n'a qu'à stipuler dans son contrat la dépense de gaz que chacun d'eux doit faire à l'heure ; quant au bec en lui-même, elle choisira naturellement celui qui lui sera démontré être le plus avantageux, car il n'est point dit que la municipalité ne puisse pas profiter des progrès qui seront réalisés dans l'avenir dans la construction des brûleurs à employer dans les lanternes de ville.

DISPOSITIONS

A DONNER

Au Cabinet d'Expériences

Nous avons, dans la brochure par nous publiée sous le titre d'*Étalon légal*, donné la description de l'appareil photométrique, tel que l'ont fait disposer, pour la ville de Paris, MM. Dumas et Regnault; nous ne renouvellerons donc pas ici cette description.

Mais comme cet appareil est d'un prix fort élevé et qu'il peut convenir à quelques municipalités ou compagnies de gaz d'organiser un cabinet d'expériences avec le plus d'économie possible, tout en prenant les dispositions nécessaires pour garantir la sincérité du contrôle du gaz en y joignant les avantages d'une manipulation facile, nous allons donner la description d'un cabinet d'expériences tel qu'il doit être établi pour satisfaire à ces diverses conditions, sans s'écarter des règles générales de contrôle établies par les savants ci-dessus nommés.

Et d'abord, où doit être situé le cabinet d'expériences ? C'est une question fort importante.

Il est incontestable que toute usine convenablement installée doit avoir un cabinet spécial muni d'un appareil photométrique complet ; que le directeur de l'usine, ou un employé spécial doué des connaissances nécessaires, doit faire plusieurs fois par jour, aux diverses phases de la fabrication, des essais nombreux pour constater la qualité du gaz, et modifier, en cas de besoin, la marche de la fabrication, de manière à obtenir des résultats aussi satisfaisants que possible ; qu'un registre tout spécial doit porter régulièrement et avec fidélité, par ordre de date et d'heures, les résultats des constatations opérées ; ce registre qui, ainsi tenu avec régularité, doit, en cas de contestation sur le pouvoir éclairant du gaz, faire foi, comme un registre de commerce, peut être divisé en huit colonnes dans lesquelles on inscrira :

1º La date (jour, mois et an) ;

2º L'heure de chaque constatation opérée ;

3º La pression au bec ;

4º La consommation de gaz à l'heure par le bec type ;

5º La consommation d'huile de la lampe Carcel ;

6º La moyenne des constatations de la journée ;

7º Les observations suggérées dans le cours des constatations ;

8º Les observations sur l'épuration du gaz.

Ces indications suffiront pour l'organisation de ce registre, qui sera tenu régulièrement sans ratures, blancs ni lacunes.

Le service de vérification étant ainsi réglé à l'usine, bien des municipalités, surtout dans les petites villes, s'en montreront satisfaites

et ne croiront pas devoir exiger qu'un contrôle
semblable soit exécuté en ville.

Mais dans les localités importantes, il
pourra arriver que la municipalité stipule que
le contrôle de la qualité du gaz doit être fait
dans la ville même, le plus souvent à l'Hôtel-
de-Ville, et cela par la raison que ce n'est pas
à l'usine, mais bien en ville qu'a lieu la consommation du gaz, et que c'est là qu'il doit
être reconnu s'il possède bien le titre et les
qualités stipulées.

Ce motif est parfaitement juste; mais comme
il est évident que, par un frottement continuel
dans le parcours des conduites, le gaz, si bien
fabriqué qu'il soit, peut perdre quelque chose
de son pouvoir éclairant, il est juste aussi
d'assigner une limite à la distance qui doit
exister entre l'usine et le point où doit en être
opéré le contrôle.

L'expérience démontre, et les lois anglaises
consacrent en principe, que l'on ne peut pas
contrôler équitablement la puissance éclairante
du gaz à une distance qui excède plus de mille
mètres à partir de l'usine. Nous ne citons ici
les lois anglaises qu'à défaut de lois françaises

sur la matière, et parce qu'il nous paraît sage de profiter de l'expérience de nos voisins d'Outre-Manche dont personne ne songera à décliner la compétence en pareille matière.

Etant donc bien entendu sur la nécessité d'un cabinet d'expériences à l'usine, et sur la situation que doit occuper en ville le cabinet de contrôle, passons à sa description.

On fera choix, autant que possible, d'un local au rez-de-chaussée ; il devra mesurer au minimum 3 mètres de long, sur 2 mètres de large ; il aura une porte, point de fenêtres ; il sera bien clos, à l'abri des oscillations de l'air ambiant ; on aura soin de bien le ventiler en établissant au-dessus de l'emplacement du bec de gaz et de la lampe, c'est-à-dire au fond du cabinet, une hotte semblable à celle des fourneaux de cuisine ; on fera peindre les murs en couleur noir mat sans reflet ; à défaut, on tendra le fond, et les deux côtés, jusqu'à moitié de la longueur, en étoffe noire, également sans reflet ; l'intérieur de la hotte et son bord inférieur seront également teints en noir.

On y amènera le gaz, directement de la

conduite de la rue, au moyen d'un branchement en plomb semblable à ceux des lanternes
publiques, c'est-à-dire d'un diamètre intérieur
de 27 millimètres ; ce branchement sera établi
avec soin sans contrepentes.

A son entrée dans le cabinet, le branchement aboutira à un robinet A (1) de 0 m. 27,
solidement fixé au mur ; la clef de ce robinet
portera une poignée pour la manœuvre.

Aussitôt après le robinet, un petit branchement de 0 m. 010 B conduira le gaz à un manomètre appliqué contre le mur ; ce manomètre
servira à indiquer la pression en ville qu'un
inspecteur doit relever dans la soirée.

Le branchement d'arrivée aboutit à un régulateur C. Ce régulateur, dont la fonction
est de maintenir la pression constamment au
même degré pour éviter les variations de pression pendant les expériences, est destinée à
remplacer le gazomètre de jauge dont on fait
parfois usage dans les cabinets d'expériences.
Nous ne sommes pas d'avis, dans les opéra-

(1) Ces lettres correspondent à la planche placée à la fin
de cet ouvrage, fig. 1 et 2.

tions du contrôle de la qualité du gaz, d'emmagasiner dans un gazomètre le gaz nécessaire aux essais. En effet, il n'est pas nécessaire de mettre le gaz en contact avec de l'eau qui, n'étant pas à la même température que lui, doit nécessairement exercer sur sa qualité une influence défavorable. Lorsque l'on contrôle le gaz, il faut, autant que possible, rester dans des conditions identiques à celles qui président à sa combustion chez le consommateur, et ne pas le faire passer par des appareils inutiles.

Quand on emploie un gazomètre dans un cabinet d'expériences, c'est toujours dans un double but : 1° celui de maintenir, pendant les essais, la pression constamment égale ; 2° celui de varier à volonté la pression dans un but d'étude ou de comparaison.

Or, comme il ne s'agit ici que de maintenir l'égalité de la pression, un simple régulateur suffira. On aura soin de n'employer qu'un régulateur à mercure, Hulett ou Ferguson, ou qu'un régulateur sec comme celui de G. Bower. Les régulateurs à eau seront proscrits par les mêmes raisons qui nous font rejeter l'emploi des gazomètres.

A la suite du régulateur, il y aura sur le branchement un second robinet D ; ce robinet aura cela de particulier que sa clé sera munie d'une rondelle de métal à dents d'engrenage correspondant au pas d'une vis sans fin dont la tête a la forme d'une clé. Ce robinet, placé contre le mur à la hauteur du photomètre, permettra à l'opérateur de régler peu à peu, et par degrés, les consommations de gaz, la vis sans fin ne communiquant à la clé du robinet que des mouvements infiniment petits.

Après ce robinet, un petit branchement de plomb, de 0m010 de diamètre intérieur, amènera le gaz dans un petit appareil E (fig. 1, 2 et 4), servant au contrôle de l'épuration du gaz. Cet appareil n'est autre chose que la cloche simplifiée de l'appareil en usage à Paris.

Il se compose :

D'un robinet d'introduction du gaz ;

D'une longue cheminée de verre fermée à sa partie inférieure par une rondelle de métal percée d'un trou qui s'enfile sur la vis mâle du robinet et y est maintenue par un bec de

gaz (en porcelaine à 30 jets comme le bec type)
vissé à l'intérieur de la cheminée sur le robinet ; la cheminée est fermée, à sa partie supérieure, par une rondelle de métal portant à
son centre une ouverture fermée par un bouchon de métal rodé comme une clé de robinet ;
ce bouchon, que l'on manœuvre au moyen
d'une tête assez semblable à celle d'un robinet,
porte à son extrémité inférieure un appendice
formant pince ou crochet qui sert à maintenir
les papiers réactifs à l'intérieur de la cheminée
pendant les expériences.

Il y aura ensuite sur le branchement une
prise de gaz pour un chandelier-lance, relié
à la conduite par un long tube de caoutchouc
permettant de porter la lumière sur tous les
points de l'appareil d'essai pour les besoins du
service des expériences ; ce chandelier sera
muni d'un bec-bougie et d'un robinet, et se
placera sur la table dont nous allons parler.

Enfin, le branchement arrive jusqu'au
tuyau d'introduction du compteur.

Le fonds du cabinet sera rempli par une
forte table de chêne de 0m04 à 0m05 c/m d'é-
paisseur, solidement fixée, à 0m90 du sol, de

trois côtés aux murs de la table, par de forts tasseaux ou par des équerres de fer qui la maintiendront dans une position parfaitement et rigoureusement horizontale, ce que l'on aura soin de vérifier avec un niveau à bulle d'air préalablement à l'installation des appareils qu'elle doit supporter.

La partie de cette table qui avance en angle (voir le dessin fig. 3) sera supportée par un pied en fonte représenté en K, fig. 2, placé de manière que ses bras se trouvent dans le sens de la longueur du cabinet ; cette disposition évitera à l'expérimentateur tout contact avec la tige de support, ce qui pourrait avoir l'inconvénient d'ébranler les appareils.

De chaque côté de la table seront disposés deux tiroirs à coulisse TT, qui serviront à serrer les objets accessoires.

Ainsi, dans le tiroir de gauche, on placera :
Une pince à becs ;
Des rondelles de cuir ;
Une boîte contenant de la céruse en pâte ;
Des becs de rechange, becs types, et des séries complètes de becs papillons et manchester ;

Un équarissoir et un épingloir ;

Enfin, une montre à secondes avec sa clé.

Dans le tiroir de droite on placera :

Des bougies de stéarine ;

Des cheminées de rechange ;

Des mèches soigneusement renfermées dans une boîte ;

Des papiers réactifs, également dans une boîte ;

Une paire de ciseaux.

La table ainsi convenablement installée, on la divisera en deux parties égales, en traçant dans le sens de la longueur, depuis le sommet de l'angle qui fait saillie, jusqu'au mur, une ligne droite 1 1 (fig. 3), qui restera marquée en creux sur le bois ; on continuera cette ligne sur le mur de fond, de façon à ce qu'elle s'élève bien perpendiculairement à la table, et cela avec la plus grande exactitude.

Cela fait, on tracera sur la table une deuxième ligne (2, 2) perpendiculaire à la première, et placée à 0m25 du mur de fond avec lequel elle sera parallèle ; cette ligne restera également marquée en creux sur le bois, de façon à ne pas pouvoir s'effacer.

A 0m40 de distance du point de jonction des deux lignes 1 et 2, l'on marquera de chaque côté, sur la ligne 2, un point A et B, qui indiqueront à gauche, A, le point de centre du bec de gaz, à droite, B, le point de centre de la lampe.

De chacun des points A et B, l'on tracera deux lignes droites d'un mètre de longueur qui, à cette distance d'un mètre du point A et du point B, se réuniront sur la ligne 1 1, en C. L'exactitude de ces deux lignes reconnue bien exacte, on les marquera en creux sur la table. Le point de réunion indiquera la place du photomètre, qui devra être installé de façon à ce que le point C coïncide bien exactement avec la ligne de jonction de son diaphragme sur l'écran, comme nous le verrons tout à l'heure.

L'on doit placer le photomètre à un mètre des lumières à comparer, parce que, à une plus faible distance, les erreurs sont faciles, le moindre écart donnant au calcul des différences notables, et, à une distance plus grande, l'appréciation de la qualité des teintes devient plus difficile, les lumières devenant moins intenses à mesure que l'on s'en éloigne.

Sur la ligne CB l'on fixe à demeure une règle de bois de 0m005 d'épaisseur sur 0m02 environ de largeur. Sur le milieu de cette règle, on tracera, dans le sens de sa longueur, une ligne qui coïncidera d'un bout à l'autre avec la ligne CB, puis en commençant par le point C, c'est-à-dire à partir du photomètre, on inscrira exactement sur la règle toutes les divisions du mètre par décimètres, centimètres et millimètres; le point de départ étant le point C, le mètre devra finir exactement au point B; la règle pourra, sans inconvénient, se prolonger jusqu'au mur.

Ces préparatifs terminés, l'on installera l'appareil de vérification de la manière suivante :

Au point A, on placera le flambeau à gaz I (fig. 1 et 2); le pied de ce flambeau sera vissé sur la table; la tige du flambeau portera un appendice servant à établir la communication avec le compteur, puis un robinet et, au-dessus, le bec type.

Le bec qui sert de type pour les expériences

5.

sur la qualité du gaz dans la ville de Paris, est un bec d'Argand, c'est-à-dire cylindrique et à double courant d'air ; la robe est faite en porcelaine (système Bengel) ; il est percé de trente jets ; il est garni d'un panier de porcelaine et doit être employé sans cône. Voici ses dimensions diverses :

millimètres.

Hauteur totale du bec	80.
Distance de la naissance de la galerie au sommet du bec	31.
Hauteur de la partie cylindrique du bec	46.
Diamètre extérieur du cylindre en porcelaine	22.5
Diamètre du courant d'air intérieur	9.
Diamètre du cercle sur lequel sont percés les trous	16.5
Diamètre moyen des trous	0.6
Hauteur de la cheminée	200.
Épaisseur du verre de la cheminée	3.
Diamètre extérieur de la cheminée, en haut	52.
en bas	49.

Diamètre des trous du panier . . .   3.
Nombre de trous percés dans le panier . . . .   109.

Les becs employés aux essais devront préalablement avoir été comparés et reconnus
semblables au bec qui aura été déposé à la
mairie comme type.

La hotte qui surmontera les appareils sera
placée à une hauteur telle, qu'il y aura une
distance de 0.45 à 0.50 entre son bord inférieur et le bord supérieur de la cheminée du
bec de gaz; s'il y avait moins de 0.45, le tirage déterminerait une perte de pouvoir éclairant pour le gaz.

Le compteur G (fig. 1 et 2), à gauche du
flambeau de gaz entre celui-ci et le mur, sera
placé un peu en avant, de manière que la lumière du gaz ne fasse pas de réverbération sur
le cadran, et que le tuyau de sortie du compteur se trouve sur la même ligne que le flambeau de gaz auquel il sera relié par un tube en
plomb soudé à l'appendice du flambeau et au
raccord de sortie du compteur.

Le raccord d'entrée du compteur d'expériences se trouvant au dos de cet instrument, le branchement qui amène le gaz décrira, pour y arriver, une courbe aussi étendue que possible ; il faut avec soin éviter les angles.

Indépendamment du raccord de sortie, le compteur porte encore, à sa partie supérieure et en dessus, un second raccord destiné au manomètre.

Comme ce manomètre doit indiquer la pression au bec, on se servira ici d'un manomètre à tube incliné, disposé de manière que chaque millimètre de pression soit indiqué par une course d'eau d'un centimètre, ce qui rendra les appréciations excessivement sensibles pour l'expérimentateur.

Le volume de ce manomètre ne permettant pas de le placer sur le compteur, on le fixera à demeure, en H, contre le mur, en ayant soin qu'il soit dans une position parfaitement horizontale ; puis on reliera ce manomètre au compteur par un tube de plomb de 0m010 de diamètre intérieur.

Au point C' l'on placera le photomètre ; la boîte du photomètre (fig. 5) est un pentagone dont la ligne OO' est le diaphragme, le point

O' est le point de contact du diaphragme avec l'écran; en installant le photomètre, on aura donc soin de diriger bien exactement le diaphragme OO' suivant la ligne 1 1, et de faire coïncider le point O' avec le point C.

On entaillera, à la longueur nécessaire, la règle placée sur la ligne CB, et cela pour placer le pied du photomètre dans une position invariable en le maintenant par des encadrements en bois qui l'enceindront de tous côtés.

On fera confectionner ensuite deux plaques carrées en chêne de 0m16 de côté; on les divisera exactement par deux lignes en croix pour obtenir exactement le point du centre. Cela fait, on fera faire en dessous de chacun d'eux une rainure de la même largeur que la règle CB, et assez profonde pour permettre à chaque plaque de glisser sur ladite règle sans frotter sur la surface, de manière à en altérer les divisions. Les deux surfaces de ces plaques seront parfaitement horizontales et parallèles, de manière à maintenir la lampe et la bougie dans une position rigoureusement verticale.

L'une de ces plaques servira à supporter le flambeau dans le cas où l'on voudra faire des expériences en employant des bougies pour type ;

L'autre servira de pied à la lampe Carcel. A cet effet, après avoir pris le diamètre, soit de la lampe, soit du flambeau, on reportera le cercle produit par l'un et l'autre sur leur plaque respective, en prenant pour point de centre le point de jonction des deux lignes que l'on y a tracées ; cela fait, on placera sur l'une la lampe, en faisant coïncider le cercle tracé avec son pied, et en le maintenant dans cette position invariable par des encadrements en bois fixés à demeure sur la plaque ; et sur l'autre le flambeau, en le plaçant de la même manière et le fixant par des vis.

Pour placer toujours avec certitude la lampe au point B, comme le centre de la plaque qui le supporte doit coïncider avec le point B et qu'elle mesure 0m16 carrés, en plaçant sur la règle CB un arrêt à demeure à 0m08 en arrière du point B, on peut être sûr qu'en posant la plaque sur la règle de manière qu'elle touche à l'arrêt, son centre sera bien le point de jonction des lignes AB, CB ; donc, la lampe sera dans la position exacte qu'elle doit occuper.

Rappelons ici ce que nous avons déjà dit, à savoir : qu'il n'est nullement de rigueur d'employer une lampe du système Carcel ; que l'on peut se servir de toute lampe à mouvement d'horlogerie ou autre, dont le mécanisme aura pour effet, comme dans la lampe Carcel, de faire arriver constamment l'huile au bec, de façon à ce que la lampe brûle à blanc.

La lampe que l'on emploiera pour type devra, comme la lampe Carcel, réunir les conditions suivantes ;

	Millimètres.
Diamètre extérieur du bec	23.5
Diamètre du courant d'air intérieur.	17.
Diamètre du courant d'air extérieur.	45.5
Hauteur totale de la cheminée . .	290.
Distance du coude à la base du verre.	61.
Diamètre extérieur au niveau du coude	47.

Diamètre extérieur au haut de la
cheminée. . . . .   34.
Épaisseur moyenne du verre . . .   2.

Toute lampe qui réunira ces conditions et
qui sera garnie d'une mèche moyenne, dite
mèche des phares, dont la tresse sera compo-
sée de 75 brins, et dont le décimètre de longueur pèsera 3 gr. 6, devra, comme la lampe
Carcel, brûler, avec la même qualité d'huile,
42 grammes d'huile à l'heure.

Cela fait, l'appareil sera complètement installé ; il ne restera que quelques accessoires,
que l'on placera sur une tablette contre le mur
de droite, près de l'entrée, à savoir :

Une balance à plateaux, de la force de 3 ki-
logrammes, munie de ses poids, destinée à pe-
ser la lampe avant et après les expériences ;

Le flambeau à bougie, espèce de tige droite
à rallonge, que l'on maintient par la pression
d'une vis à une hauteur telle que la flamme
de la bougie soit toujours au même niveau
que celle du gaz ;

Une boîte à allumettes ;

Et un bidon d'huile à brûler pour la lampe Carcel;

Par terre, sous la tablette, on aura un vase à goulot rempli d'eau très-propre, et un entonnoir s'adaptant au tuyau d'introduction de l'eau du compteur.

L'expérimentateur devra aussi avoir à sa disposition :

Un tableau barème donnant les calculs tout faits pour le cas où il emploierait la bougie;

La brochure « Étalon légal, » contenant l'instruction pratique de **MM.** Dumas et Regnault;

Et le présent ouvrage sur le contrôle de la qualité du gaz.

Ainsi muni de toutes pièces, il pourra se livrer aux expériences de la manière que nous allons décrire au chapitre suivant.

Expériences

SUR

LE POUVOIR ÉCLAIRANT DU GAZ

Une fois le cabinet d'expériences organisé, comme nous venons de le dire, il faudra que l'expérimentateur, avant de se livrer aux essais, s'assure que tous les appareils, dont il va faire usage, sont convenablement préparés à remplir l'office que l'on attend de chacun d'eux; à cet effet, s'éclairant de la bougie, avant d'introduire le gaz dans les appareils, il les vérifiera l'un après l'autre, à partir du robinet de service.

A cet effet, il s'assurera :

Que le robinet de service est parfaitement étanche.

Que le manomètre, qui indique la pression en ville, a reçu la quantité d'eau convenable, que ses deux niveaux coïncident bien avec le zéro de l'échelle.

Que le compteur d'essai est muni de la quantité d'eau nécessaire, ce dont il s'assurera en y introduisant de l'eau par l'ouverture spéciale, après avoir ôté la vis de niveau ; il versera de l'eau tant que celle-ci ne sortira pas par la vis de niveau, et quand elle se présentera à cet orifice, il cessera d'en verser, et replacera la vis lorsque l'excès d'eau aura cessé de couler ; il refermera alors l'ouverture d'introduction d'eau ;

Que le manomètre incliné est muni d'une quantité d'eau suffisante, ce qu'il reconnaîtra à la coïncidence de l'eau avec le zéro de l'échelle du tube.

Tout étant ainsi en état, il s'assurera que le

robinet du flambeau de gaz est bien fermé, ainsi que celui du flambeau-lance et celui de l'appareil qui sert à reconnaître le degré d'épuration du gaz.

Alors, il ouvrira en plein le robinet de service, le robinet du manomètre de ville, celui du régulateur, si cet appareil en est muni (ce qui n'est pas nécessaire), puis le robinet à vis sans fin, celui du compteur et celui du manomètre incliné.

Le gaz étant ainsi introduit dans ces appareils, sans qu'aucune issue lui soit donnée, l'expérimentateur examinera si l'aiguille du cadran-minute du compteur bouge ; si elle reste immobile, tout est bien, il n'y a point de fuites au compteur ou après lui ; si, au contraire, elle bouge, il allumera alors le flambeau-lance et flambera lestement le compteur, le manomètre incliné et le flambeau à gaz. La fuite reconnue, il la réparera soit en resserrant les vis qui lui donnent passage, soit au moyen du blanc de céruse placé dans le tiroir de gauche.

L'étanchéité des appareils antérieurs au

compteur doit être visitée de temps à autre; mais comme une fuite légère qui viendrait à s'y manifester ne changerait rien aux quantités de gaz consommé dans les essais, cela n'a pas une grande importance, si ce n'est au point de vue de la sécurité de l'expérimentateur.

Cette visite préalable complètement terminée, le bec type de gaz sera allumé, son robinet étant ouvert en plein, on aura soin que la cheminée porte bien sur le fond de la galerie, pour éviter toute affluence d'air au bec par d'autres ouvertures que les trous du panier, et on le laissera brûler pendant tout le temps que l'on mettra à préparer la lampe et à vérifier sa consommation, opération qui demandera environ trois quarts d'heure. De cette manière, les conduites seront purgées du gaz qui pourrait y être resté de la veille, et le bec acquerra la température qu'il a chez les abonnés.

L'opérateur remplira la lampe d'huile jusqu'à la naissance de la galerie; il mettra chaque jour, à la lampe, une mèche neuve qu'il coupera d'une manière très égale à fleur du bec ; il montera le mécanisme de la lampe, placera celle-ci dans un des plateaux de la balance, prendra note de son poids total.

Il allumera la lampe en maintenant d'abord la mèche à 5 ou 6 millimètres de hauteur, et hâtera l'opération de l'allumage en mettant le feu à deux ou trois points du contour de la mèche; tout le pourtour de la mèche étant enflammé, il placera la cheminée de verre, élèvera la mèche à une hauteur de 10 millimètres et montera la cheminée jusqu'à ce que son étranglement se trouve à une hauteur de 7 millimètres au-dessus du niveau de la mèche.

Tout cela sera fait en moins de temps qu'il n'en faut pour l'écrire.

Il notera alors l'heure de l'allumage de la lampe, la laissera dans la balance, et de dix en dix minutes, vérifiera l'exactitude de la consommation.

La lampe, brûlant 42 grammes d'huile à l'heure, devra consommer 7 grammes par chaque période de 10 minutes; donc, en ajoutant dans le plateau de lampe un poids de 7 grammes chaque dix minutes écoulées, l'équilibre se maintiendra. Au bout d'une demi-heure, il aura donc été ajouté 21 grammes ; si l'équilibre se maintient dans ces conditions, la dépense de la lampe est normale ; sinon l'opérateur prend note de la différence.

Pendant la demi-heure passée à vérifier la dépense de la lampe, et dans l'intervalle de chaque période de 10 minutes, l'opérateur s'est assuré que le photomètre est bien à la hauteur de la flamme du bec de gaz et que son diaphragme est bien dirigé dans le sens de la ligne perpendiculaire. qui s'élève sur le mur de fond ; il a préparé les papiers réactifs qu'il a mis dans la petite éprouvette d'épuration E (figure 4) ; il a monté la montre à secondes et s'est assuré du bon fonctionnement du régulateur.

Tout étant ainsi disposé, et la dépense de la lampe reconnue exacte, il place la lampe sur son plateau, s'assure que celui-ci occupe exactement la place qui lui est assignée, puis se plaçant derrière le photomètre, il examine les teintes projetées sur l'écran et, allongeant la main gauche jusqu'au robinet à vis sans fin, il règle ainsi l'égalité des deux lumières en augmentant ou en diminuant la consómmation de gaz.

Lorsque les deux lumières sont bien égales, il note la pression indiquée par le manomètre incliné, puis, saisissant le moment où l'aiguille du compteur passe à zéro, il fait partir la montre à secondes au moyen du petit cliquet qu'elle porte sur le côté.

Pendant que la montre marche, il a toujours l'œil au photomètre pour s'assurer que les deux lumières restent égales.

Puis, au moment où l'aiguille de la montre à secondes arrive au chiffre 60, il ferme brusquement le robinet du bec type et relève le chiffre indiqué au compteur.

Comme l'aiguille du compteur indique la dépense de l'heure par l'observation d'une minute, elle doit marquer 125 litres ou à peu près ; il note le chiffre indiqué.

Voilà un premier essai d'effectué ; en effet, il a été pris note :

De la dépense de la lampe en huile ;
De la consommation du bec type de gaz ;

De la pression au bec type;
De l'égalité des lumières.

L'expérience serait alors complète si le gaz
n'était pas sujet à de petites variations d'intensité, par suite d'une foule de causes éven-
tuelles inévitables dans la fabrication et dans
son parcours dans les conduites.

L'opérateur recommencera donc cinq ou six
fois de suite la même expérience pour s'assurer de la sincérité des résultats ; cela demandera peut-être vingt minutes ou une demi-
heure, pendant laquelle la lampe restera allumée.

Les résultats des divers essais seront comparés, et l'opérateur prendra note de la moyenne ;
cela fait, il éteindra la lampe, la mouchera
comme il a été dit, et à deux autres époques
de la soirée, il recommencera de semblables
expériences, afin d'être bien certain du main-
tien de la qualité du gaz pendant toute la soirée ; la même mèche servira à ces divers essais
en ayant soin de la moucher avant chaque re-
prise des expériences, et de contrôler la dépense de la lampe pendant 10 minutes.

4

Les constatations de la soirée achevées, tous les résultats obtenus seront comparés les uns aux autres, la moyenne en sera faite et servira de base au rapport à dresser par l'inspecteur municipal de l'éclairage, sur le degré du pouvoir éclairant du gaz fourni par la Compagnie.

Lorsque l'on voudra se livrer à des expériences pour connaître l'intensité et la dépense de tel ou tel autre brûleur que le bec type, l'opérateur placera le bec à essayer à la place du bec type, et emploiera la bougie pour contrôler l'intensité de la lumière fournie par ce bec.

Il placera alors le flambeau-bougie sur la règle CB (figure 3), et ayant réglé la consommation du bec de gaz et la pression sous laquelle il doit brûler, il se mettra derrière le photomètre et, de la main droite, avancera ou reculera la bougie jusqu'à ce que les deux côtés du disque soient également éclairés.

Il relèvera alors les indications de la règle, du photomètre au plateau de la bougie, ajoutera au chiffre trouvé 0^{m}08, moitié de la largeur du plateau, et aura ainsi la distance exacte de la bougie au disque du photomètre.

Appliquant alors le principe que nous avons posé au chapitre intitulé : *Lois et principes photométriques*, il aura recours à la formule

$$\frac{D^2}{d^2} = X$$

pour trouver l'intensité de la lumière fournie par le bec essayé.

Il aura bien soin d'entretenir la mèche de la bougie à la hauteur de 10 millimètres au-dessus de la naissance de la flamme, et de maintenir la flamme de la bougie à la hauteur de flamme du bec de gaz.

Pour éviter à l'opérateur la peine de faire les calculs nécessaires, nous allons donner ici un tableau-barême indiquant l'intensité du gaz, en bougies et fractions de bougie, à chaque centimètre de distance du photomètre. Dès lors, il n'aura plus qu'à relever la distance de la bougie, et se reportant au tableau, il trouvera la valeur du gaz, exprimée en bougies, sur la même ligne que le chiffre de la distance constatée :

Distance du gaz.	Distance de la bougie.	Valeur du gaz en bougies.
MÈTRE.	MÈTRE.	BOUGIES.
1	0,99	1,0203
1	0,98	1,0412
1	0,97	1,0628
1	0,96	1,0850
1	0,95	1,1080
1	0,94	1,1328
1	0,93	1,1562
1	0,92	1,1814
1	0,91	1,2075
1	0,90	1,2345
1	0,89	1,2624
1	0,88	1,2913
1	0,87	1,3211
1	0,86	1,3520
1	0,85	1,3840
1	0,84	1,4212
1	0,83	1,4515
1	0,82	1,4872
1	0,81	1,5241
1	0,80	1,5625
1	0,79	1,6023
1	0,78	1,6436
1	0,77	1,6866
1	0,76	1,7313
1	0,75	1,7777

Distance du gaz.	Distance de la bougie.	Valeur du gaz en bougies.
MÈTRE.	MÈTRE.	BOUGIES.
1	0,74	1,8261
1	0,73	1,8765
1	0,72	1,9290
1	0,71	1,9837
1	0,70	2,0408
1	0,69	2,1003
1	0,68	2,1626
1	0,67	2,2276
1	0,66	2,2956
1	0,65	2,3668
1	0,64	2,4414
1	0,63	2,5195
1	0,62	2,6014
1	0,61	2,6874
1	0,60	2,7777
1	0,59	2,8727
1	0,58	2,9726
1	0,57	3,0778
1	0,56	3,1887
1	0,55	3,3057
1	0,54	3,4293
1	0,53	3,5599
1	0,52	3,6982
1	0,51	3,8446
1	0,50	4,0000

6.

Distance du gaz.	Distance de la bougie.	Valeurs du gaz en bougies.
MÈTRE.	MÈTRE.	BOUGIES.
1	0,49	4,1649
1	0,48	4,3402
1	0,47	4,5269
1	0,46	4,7258
1	0,45	4,9382
1	0,44	5,2169
1	0,43	5,4083
1	0,42	5,6688
1	0,41	5,9012
1	0,40	6,2500
1	0,39	6,5746
1	0,38	6,9252
1	0,37	7,3046
1	0,36	7,8369
1	0,35	8,1632
1	0,34	8,6505
1	0,33	9,1827
1	0,32	9,7656
1	0,31	10,4058
1	0,30	11,1111
1	0,29	11,8906
1	0,28	12,7551
1	0,27	13,7174
1	0,26	14,7928
1	0,25	16,0000

Distance du gaz.	Distance de la bougie.	Valeur du gaz en bougies.
MÈTRE.	MÈTRE.	BOUGIES.
1	0,24	17,3611
1	0,23	18,9224
1	0,22	20,6611
1	0,21	22,6757
1	0,20	25,0000
1	0,19	27,7008
1	0,18	30,8641
1	0,17	34,6020
1	0,16	39,0625
1	0,15	44,4444
1	0,14	51,0204
1	0,13	59,1715
1	0,12	69,4444
1	0,11	82,6446
1	0,10	100,0000

Lorsque l'on est appelé à contrôler la qualité du *gaz riche*, c'est-à-dire du gaz extrait de certaines matières qui fournissent un gaz doué d'un pouvoir éclairant qui équivaut à trois ou quatre fois celui du gaz de houille ordinaire, comme le boghead, le cannel coal, etc., on opère exactement de la manière que nous avons décrite, avec cette différence toutefois que l'on ne peut brûler ce gaz avec le bec type Bengel, ni, en général, avec aucun autre bec cylindrique à double courant d'air, et cela à cause de la fumée que ce gaz dégagerait à la combustion opérée dans les conditions ordinaires de ce genre de brûleurs. L'on n'a point encore adopté de bec type pour mesurer le pouvoir éclairant de ce gaz ; jusqu'à présent on s'est servi d'un bec à deux jets inclinés dit Manchester, et l'on a pu constater que, suivant la richesse du gaz, il fallait de 25 à 40 litres de gaz riche brûlés à 7 millimètres de pression dans ce genre de brûleurs pour donner une lumière égale à celle de la lampe Carcel, type brûlant 42 grammes d'huile de colza épurée à l'heure.

CONDITIONS ESSENTIELLES

DU CONTROLE

Indépendamment des conditions de précision que nous venons de décrire au chapitre précédent, il est des conditions spéciales dont on doit tenir compte pour assurer la sincérité des expériences et la validité des rapports auxquels elles peuvent donner lieu de la part des inspecteurs spéciaux.

D'abord, comme nous l'avons dit, il ne faut jamais employer la lampe lorsque sa consommation reste au-dessous de 38 grammes d'huile à l'heure où s'élève au-dessus de 46, et ramener, par le calcul, la consommation du gaz à la dépense normale de 42 grammes, le rapport entre les intensités et les consommations étant inexact au-dessous de ce chiffre de 38 grammes et au-dessus de celui de 46.

Si la consommation de la lampe varie entre 38 et 39 grammes, 45 et 46 grammes, il faudra ne regarder le résultat que comme approximatif.

On ne tiendra compte des résultats obtenus que lorsque la consommation de la lampe se maintiendra entre 40 et 44 grammes d'huile à l'heure ; cette condition résulte des observations de MM. Dumas et Regnault.

Ensuite, on ne pourra point, sur un simple essai, dresser un procès-verbal constatant la défectuosité de la qualité du gaz. Le gaz peut être défectueux à un moment donné de la soirée, soit par un accident, soit par un refroidissement subit de température, et, bien qu'à l'usine la surveillance constante sur le pouvoir éclairant du gaz ait fait modifier presque instantanément la fabrication dans le cas où des variations dans la qualité du gaz auraient amené un affaiblissement de son titre, il se pourrait que l'expérience portât sur une partie de gaz ainsi obtenue et non encore parfaitement mélangée au gaz meilleur, fabriquée en vue de corriger la défectuosité passagère signalée. Il faut donc, de toute nécessité, répéter les expériences à plusieurs époques de la soirée, pour obtenir, par une moyenne, la qualité vraie du gaz.

A Paris, l'on n'ordonne que trois essais, de demi-heure en demi-heure, parce que, comme il y a des cabinets d'expériences sur plusieurs points de la ville, il est fort rare que toutes les constatations se fassent à la même heure, de sorte que la moyenne de toutes les constatations faites sur les divers points de la ville donnent bien la moyenne de la qualité du gaz dans la soirée, de huit heures à onze heures.

Mais, dans les villes de province, où il n'y a qu'un cabinet d'expériences, il faudra nécessairement, pour que les résultats soient sincères, que les essais soient répétés à plusieurs époques de la même soirée.

Enfin, lorsque, en hiver, la température descendra au-dessous de zéro, on ne tiendra compte des résultats des constatations faites qu'à titre de renseignement, parce que le froid nuit essentiellement à la qualité du gaz en le décarburant dans son parcours dans les tuyaux de conduite. Alors l'inspecteur pourra s'assurer, au cabinet d'expériences de l'usine, de la bonne qualité du gaz, à moins toutefois que la température ne devienne rigoureuse, auquel cas elle pourrait nuire à la qualité du gaz, même dans les gazomètres. Donc, règle générale, l'abaissement de la température au-dessous de zéro doit être considéré comme un cas de force majeure qui porte un préjudice plus ou moins notable à la qualité du gaz sous le rapport de son pouvoir éclairant.

Il y a bien encore d'autres cas de force majeure dont on doit tenir compte, comme la rupture subite d'un tuyau de conduite qui livre passage à l'air, l'irruption de l'eau dans les tuyaux, etc., etc., causes de détérioration de la lumière que l'entrepreneur du gaz saura faire valoir alors qu'elles se présenteront.

CONTROLE

DE L'ÉPURATION DU GAZ

S'il est essentiel de contrôler le pouvoir éclairant du gaz, il n'est pas moins intéressant de s'assurer qu'il est convenablement épuré, car le gaz dont l'épuration est mal faite peut altérer, chez les consommateurs, les peintures, les dorures et même les étoffes; il peut même aussi être préjudiciable à la santé et, dès-lors, on comprendra qu'il importe de s'assurer que le gaz ne renferme aucun élément nuisible.

L'impureté qui se trouve en plus grande quantité, dans le gaz c'est l'hydrogène sulfuré; c'est lui qui communique au gaz cette odeur nauséabonde d'œufs couvés qui fait que l'on s'aperçoit promptement de l'existence d'une fuite.

Lorsque l'on veut s'assurer s'il existe encore dans le gaz d'éclairage du gaz hydrogène sulfuré qui ait échappé à l'action des agents au moyen desquels on opère à l'usine l'épuration du gaz, on se sert de l'un des moyens que nous allons décrire.

Le premier, qui est le moyen le plus pratique, consiste à placer entre les deux branches de la pince qui est au dessous du bouchon de l'éprouvette E (fig. 4) qui fait partie des appareils du cabinet d'expériences, deux petites lames de papier préparé à l'acétate de plomb.

Ces papiers, ainsi placés dans l'éprouvette au moment où l'on va commencer l'expérience qui a pour but de contrôler le pouvoir éclairant du gaz, doivent y rester pendant un quart d'heure environ.

Si, au bout de ce temps, ils ont pris une teinte brune, c'est un indice certain de la présence du gaz hydrogène sulfuré, et alors le gaz d'éclairage est mal épuré.

Si, au contraire, les papiers se sont conservés blancs, c'est une preuve que le gaz d'éclairage a été convenablement épuré.

Dans l'un et l'autre cas, l'on retire de l'éprouvette les deux lames de papier; l'on inscrit dessus la date de l'essai, et l'on conserve ces bandes dans un flacon bien bouché.

L'on réitère cette opération chaque fois que, dans le courant de la soirée, l'on procède à la vérification de la qualité du gaz.

S'il arrivait, par hasard, que le papier d'acétate de plomb n'ait bruni que dans l'un des essais faits dans la soirée et que les autres essais aient démontré la bonne opération du gaz, le résultat devrait, néanmoins, être transmis à l'entrepreneur à titre d'avertissement.

Mais si, à chaque expérience, le papier avait bruni ou noirci, alors l'une des lames de papier, dûment datée et signée, devra être jointe au procès-verbal adressé au maire à titre de preuve.

La préparation du papier d'acétate de plomb se fait en trempant du papier écolier ordinaire, ou mieux du papier sans colle, dans une solution dont voici la formule :

Eau distillée. . . . . 100 parties.
Acétate neutre de plomb.   5   d°

Laisser fondre et bien agiter le mélange avant de l'employer ; le papier devra tremper dans le mélange pendant trois minutes environ. Une fois sec, on en fait des petits cahiers que l'on conserve dans des flacons bien bouchés.

Les autres moyens à l'emploi desquels on peut recourir sont les suivants :

On peut substituer, à l'acétate neutre de plomb, le nitrate d'argent qui est un agent bien plus sensible ; mais comme le papier préparé au nitrate d'argent noircit à la lumière du jour et ne peut même se conserver blanc pendant quelques jours, bien qu'on le mette à l'abri de la lumière, il en résulte que son emploi n'est pas pratique, car il faudrait en quelque sorte le préparer au moment de s'en servir.

On peut encore reconnaître la présence de l'hydrogène sulfuré en faisant barboter le gaz dans une solution soit d'acétate de plomb, soit de nitrate d'argent ; mais outre que cette opération demanderait l'emploi d'un appareil tout spécial, elle présenterait l'inconvénient d'user, dans un seul essai, une quantité de solution suffisante pour la préparation d'un grand nombre de feuilles de papier, de sorte qu'elle ne serait point économique.

On emploie aussi quelquefois au contrôle de l'épuration le procédé suivant : Après avoir fait passer le gaz dans de l'eau distillée pure, on ajoute à cette eau une seule goutte d'acétate de plomb, de nitrate d'argent ou de chloride de bismuth ; s'il existe de l'hydrogène sulfuré dans le gaz d'éclairage, l'eau noircira immédiatement au moment où la goutte de l'un des réactifs employés se mêlera à l'eau distillée. Ce moyen est très-rarement mis en usage, toujours à cause de l'appareil spécial qu'il nécessite pour faire barboter le gaz dans l'eau.

Si nous avons fait passer ces divers procédés sous les yeux de nos lecteurs, c'est uniquement pour leur permettre de contrôler, en cas de difficulté, une opération par une autre.

A Paris, le contrôle de l'épuration du gaz se borne à la constatation de la présence de l'hydrogène sulfuré, et c'est là, en effet, qu'il doit

7.

ordinairement se borner, bien que l'on ait parfois constaté que le gaz d'éclairage renferme de l'acide carbonique, et que l'on soit certain qu'il renferme toujours du gaz ammoniaque.

Aussi, pourrions-nous nous contenter d'indiquer à nos lecteurs le procédé de contrôle qu'ils viennent de lire ; mais comme il pourrait arriver de ces cas fortuits où l'acide carbonique ou l'ammoniaque se trouvassent en excès dans le gaz, il est bon de leur indiquer comment l'on constate la présence de ces deux impuretés, en les prévenant toutefois qu'il n'y a rien à redire à la fabrication du gaz d'éclairage tant que l'on n'y trouve que des *traces* de ces deux impuretés.

Voici le moyen pratique de reconnaître la présence de l'acide carbonique :

On prend du papier écolier ordinaire ou du papier non collé, et on le fait tremper pendant trois ou quatre minutes dans une solution dont voici la formule :

Eau distillée. . . . . . . 100 grammes.
Tournesol en pains. . . 10
Ammoniaque liquide. . 2 ou 3 gouttes.

Dans un mortier de porcelaine ou de verre, on verse quelques gouttes seulement d'eau distillée, puis on y met la quantité de tournesol en pains que l'on doit employer au mélange. On broie bien le tournesol au moyen du pilon, de façon à former une pâte bien homogène, que l'on éclaircit de temps en temps par l'addition d'un peu d'eau distillée ; lorsque l'on a reconnu que le tournesol est convenablement broyé, on y ajoute toute l'eau qui doit former le mélange, et l'on agite bien le tout. Une fois que l'eau a bien pris la couleur bleu foncé du tournesol, on y ajoute les quelques gouttes d'ammoniaque. Le liquide est alors prêt à être employé à la teinture du papier réactif.

On emploie ce papier réactif de la même manière que celui d'acétate de plomb, en le suspendant, légèrement humide, dans l'éprouvette.

La présence de l'acide carbonique dans le gaz le fait rougir ; s'il conserve sa couleur bleue, c'est un indice certain que le gaz ne contient point d'acide carbonique ; s'il n'en renferme qu'une quantité infiniment minime, elle se

7..

décèle à une légère teinte rouge qui se fait voir sur les bords de la lame de papier.

Il existe deux autres moyens de reconnaître la présence de l'acide carbonique.

Le premier, peu économique en ce qu'il emploie beaucoup de teinture pour un seul essai, consiste à faire barboter le gaz dans la teinture même de tournesol ; mais comme la teinture devient rouge sous l'action d'un courant de gaz acide carbonique ou de gaz hydrogène sulfuré, pour bien distinguer celle des deux impuretés qui existe, on ajoute à la teinture de tournesol une solution de baryte pure. Le gaz passant dans la teinture ainsi modifiée, n'y apportera aucun changement s'il ne contient que de l'hydrogène sulfuré; mais s'il contient de l'acide carbonique, il se formera au fond du vase un précipité de carbonate de baryte.

Le second moyen consiste à faire barboter le gaz dans de l'eau de chaux qui, sous l'action de l'acide carbonique, deviendra nuageuse ou laiteuse.

C'est encore un papier réactif que l'on emploiera de préférence à tout autre moyen pour constater la présence de l'ammoniaque dans le gaz d'éclairage.

A cet effet, on prendra le papier bleu de tournesol, préparé comme il vient d'être dit, on le trempera dans un vase plein d'eau distillée, à laquelle on aura ajouté quelques gouttes de vinaigre ou d'acide chlorhydrique. Sous l'influence de l'eau ainsi acidulée, le papier perdra sa couleur bleue et deviendra rouge. On le conservera ainsi préparé dans un flacon hermétiquement clos.

Pour l'expérience, on l'emploiera comme les deux autres papiers, en le plaçant dans l'éprouvette. Si le gaz renferme une certaine quantité d'ammoniaque, le papier redeviendra bleu ; s'il n'y en a que des traces, ses bords seulement reprendront leur couleur bleue ; s'il n'y en a point, il restera rouge.

On peut encore substituer au papier de tournesol du papier jaune au curcuma ou au safran, dont la couleur devient brune au contact de l'ammoniaque.

Il y a ici une observation importante à faire. Les expérimentateurs chargés du contrôle de la qualité du gaz doivent se montrer, comme à

Paris, fort tolérants sur la présence de l'ammoniaque dans le gaz d'éclairage, et cela pour deux motifs :

Le premier, c'est qu'en enlevant d'une manière absolue toute l'ammoniaque contenue dans le gaz, on nuit singulièrement à son pouvoir éclairant.

Le second, c'est que la présence de l'ammoniaque dans le gaz contribue à assurer le service de l'éclairage en empêchant le dépôt, dans les conduites, de la naphtaline qui, lorsque le gaz est trop épuré, ne tarde pas à obstruer les tuyaux. C'est un fait démontré par une longue expérience.

On ne devra donc jamais inquiéter l'entrepreneur pour un pareil motif, à moins qu'il n'y ait excès.

Ici se borne notre tâche.

Nous pourrions bien continuer longtemps encore et faire passer sous les yeux de nos lecteurs les autres procédés chimiques qu'il est possible d'employer pour reconnaître les diverses qualités du gaz, comme l'analyse par le brôme, la recherche de la densité spécifique du gaz et autres procédés, du reste, fort instructifs.

Mais nous nous sommes imposé le devoir de rester constamment dans le domaine de la pratique, suivant en cela la route qui nous était indiquée par l'instruction de MM. Dumas et Regnault, et nous ne voulons pas sortir de notre cadre pour entrer dans le domaine de la science.

Nous nous adressons à des hommes spéciaux qui doivent se faire remarquer plutôt par leurs connaissances pratiques que par leur science, et si nous sommes parvenu à rendre intelligibles et faciles des expériences pratiques qui permettent de constater la qualité marchande du gaz d'éclairage qu'ils fabriquent, nous aurons pleinement atteint notre but.

FIN

L'Administration du journal LE GAZ, 72, Faubourg-Montmartre, à Paris, se charge volontiers d'expédier les Appareils nécessaires à l'organisation des Cabinets d'expériences.

On trouve aussi au bureau du journal, les objets suivants :

Photomètres à ombres unicolores, adoptés par la majeure partie des Municipalités de France pour le contrôle de la qualité du gaz. Prix : 30 francs ; emballage en sus.

Papiers réactifs, acétate de plomb et tournesol pour la vérification de l'épuration du gaz. Prix : petits cahiers, 50 c., grands cahiers, 2 francs.

Guide de l'abonné au gaz d'éclairage et de chauffage ; ouvrage élémentaire et fort intructif. Prix : 1 fr. 50.

Étalon légal, instruction pratique, par MM Dumas et Regnault. Prix, 60 c.

Brevets pris dans l'industrie du Gaz, de 1791 à 1844, 1 volume in-8°. Prix, 5 francs.

Compagnie Générale du Gaz riche

E. de CARANZA & Cie

66, ROUTE D'ALLEMAGNE, 66

Petite Villette-Paris

Construction et exploitation d'Usines
pour
l'éclairage au gaz des gares de Chemins de fer,
Usines, Fabriques, Ateliers, Châteaux, etc.
Vente de matières premières pour l'éclairage
au Gaz riche.
Appareils portatifs pour fabriquer
le gaz chez soi.

Entreprise générale d'éclairage

DES VILLES

PAR LE GAZ DE HOUILLE OU PAR LE GAZ RICHE

La Compagnie est concessionnaire de l'éclairage au
gaz des villes de :

Saint-Imier (Suisse). — *Oissel* (Seine-Infé-
rieure). — *Villers-Bretonneux* et
Montdidier (Somme). — *Arbois* (Jura).

46, boulevard de Strasbourg, 46

et 81, faubourg St-Martin, 81

A. NALLARD

FABRIQUE DE

COMPTEURS POUR LE GAZ

Compteurs d'usines, Compteurs d'abonnés

COMPTEURS D'EXPÉRIENCES

Montres à secondes

Manomètres de tous genres, indicateurs de
pression, régulateurs, robinets

Gazomètres de jauge pour la vérification des
Compteurs.

COMPTEURS POUR L'EAU

NOUVEAU SYSTÈME BREVETÉ S. G. D. G.

Applicable à toutes les concessions d'eau, municipales ou entreprises particulières,
marchant à haute et à basse pression, et d'une
exactitude irréprochable, quel que soit le débit.
On construit
des compteurs pour toutes dimensions de conduites.

ROBINETTERIE SPÉCIALE POUR EAU

MANUFACTURE D'APPAREILS A GAZ

PH. GOELZER

Breveté S. G. D. G.

Membre de la Société d'encouragement, de l'Académie
nationale manufacturière, et de l'Institut polytechnique.

*Appareils à gaz de tous genres, Lustres,
Bras, Girandoles,
Genouillères, Lyres, Lampes.*

**IMMENSE CHOIX DE MODÈLES DE TOUS LES STYLES,
ORNEMENTATION DE LUXE POUR ÉGLISES,
THÉATRES, CERCLES, CONCERTS, CAFÉS, ETC.**

Illuminations officielles et de fantaisie, Armoiries,
Chiffres, Devises, Guirlandes, Globes de couleur, etc

**APPAREILS POUR LES EXPÉRIENCES, FLAMBEAUX A GAZ,
FLAMBEAUX-BOUGIE,
ROBINETS, MANOMÈTRES, PINCES.**

Accessoires, Raccords, Patères, Robinets
de tous calibres, Porte-becs, Globes, Verrines,
Fumivores, Réflecteurs,
Colonnes, Suspensions hydrauliques.

**LANTERNES DE VILLE ET DE FANTAISIE,
CANDÉLABRES, CONSOLES, ROBINETS A BASCULE,
CROISILLONS, CHANDELLES.**

Becs à gaz de tous genres et de toutes formes.
Appareils de
Chauffage, domestiques et industriels.

182, RUE LAFAYETTE, 182.

LANTERNES

pour l'éclairage public, à couronnement de cristal, répandant la clarté tout à l'entour; ces lanternes, adoptées à Paris, au Ministère de l'Intérieur, et sur divers points de la ville du Havre, portent en outre des indicateurs de rues. Elles se font remarquer par leur éclat, et augmentent singulièrement la quantité de lumière répandue sur la voie publique. Ces lanternes sont de l'invention de *M. Gautier*, directeur de l'usine à gaz du Havre, qui a également pris un brevet d'invention pour un

GÉNÉRATEUR DE VAPEUR PORTATIF,

que l'on chauffe, soit au gaz, soit avec tout autre combustible, et qui sert à nettoyer les tuyaux d'usine, alors qu'ils sont engorgés par les dépôts de naphtaline, et à nettoyer et vérifier les conduites de gaz chez les consommateurs.

MM. Taddei et Gautier

FABRICANTS D'APPAREILS A GAZ

17, rue Pierre-Levée, à Paris

sont concessionnaires des brevets susdits de M. Gautier.

MOTEURS A GAZ
Système HUGON

BREVETES S. G. D. G. 1858, 1860, 1861, 1862

Machines motrices *remplaçant la vapeur, applicables à tous les besoins des petites industries.*

Installation facile. — Fonctionnement régulier, sans bruit, sans soins spéciaux, sans aucun danger. — Mise en œuvre et arrêt instantanés par le simple jeu du robinet de gaz. — Point d'électricité.

Dépense de gaz garantie au frein, variant de 2,200 à 2,500 litres de gaz par force de cheval et par heure.

Ces Machines sont essayées au frein et au compteur avant livraison, en présence des acheteurs. — Elles sont garanties pour la force, la dépense et le bon fonctionnement comme les machines à vapeur.

Adresser les demandes de renseignements et les commandes à MM. P. HUGON et Cᵉ, 187, RUE DE VAUGIRARD, A PARIS.

Tout Directeur d'Usine à Gaz, désireux d'augmenter le chiffre de sa vente de gaz, s'efforcera de propager l'emploi de ces *Moteurs*, car la consommation d'un seul *Moteur* de 2 chevaux, fonctionnant régulièrement 10 heures par jour, représente l'alimentation de 40 becs de gaz nouveaux.

21, RUE DES TROIS-COURONNES, 21

BENGEL

Becs en porcelaine à 30 jets, type de la ville de Paris. — Appareils photomètriques portatifs. — Manomètres droits et inclinés. — Becs de ville en stéatite. — Lanternes, consoles et candélabres.—Appareils à gaz de tous genres. — Appareils de chauffage au gaz. — Moteurs à air dilaté.

46, boulevard de Strasbourg, 46

A. NALLARD

Fabrique d'appareils diviseurs inodores, filtres, etc.

(SYSTÈME CANIER)

Adoptés par la ville de Paris

par plusieurs autres villes de France

et par les villes de

Turin, Florence, Naples, Venise et Lisbonne.

Paris.—Typ. Alcan-Lévy, boulev. de Clichy, 62
ancien boulev. Pigalle, 5o

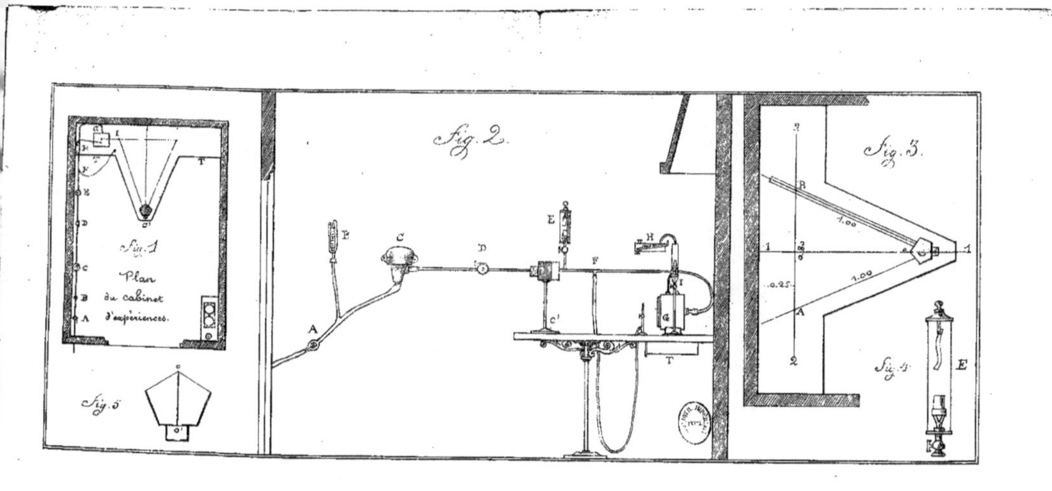

Fig. 2
Fig. 3
Fig. 1
Plan
du cabinet
d'expériences.
Fig. 5
Fig. 4

Imprimé chez ALCAN-LÉVY, boulevard de Clichy, 62

(ancien boulevard Pigalle, 5o).